王红霞 / 主编
王艳杰 / 副主编

资源教室建设方案与课程指导

ZIYUANJIAOSHI JIANSHEFANG'AN YU KECHENGZHIDAO

序 言

海淀区资源教室建设的历史可以追溯到2005年,当时,首都师范大学附属小学(原四季青小学)在市教委专项资金的支持下建设了资源教室,这也成为海淀区第一所资源教室。随后,学院路小学、清河一小、原群英小学、二十中学也相继使用市教委专项资金建设了资源教室。2008年后,资源教室的建设呈快速发展趋势,数量从2008年的6所增加到2016年的84所,居全市首位。为了促使资源教室建成后的有效运作,海淀区教委及特教中心在管理上进行了不断探索与创新。

2008年,区教委为保障在普通中、小学就读的各类障碍学生能够享受到适合的教育,颁布了《海淀区普通学校特殊教育资源教室管理办法》和《海淀区普通学校资源教师和随班就读辅导教师管理办法》,为资源教室运作提供了有效保障,也成为资源教室工作开展的基础。《海淀区普通学校资源教师和随班就读辅导教师管理办法》要求实行资源教师上岗资格认证制度,目前,海淀区已开展了4届资源教师专项培训,共有161名资源教师取得上岗资格证书。

2011年,海淀区开始对区域内已建资源教室学校开展全面检查评估工作,成为北京市首个对区内资源教室进行自评的区。截至2016年底,65所资源教室学校接受了全面评估。随着资源教室建设资金的增加,对资源教室专项资金的监管自然也成为了资源教室建设的重要保证,2015年开始,海淀区又对资源教室建设进行了硬件评估。由此，包括全面评估和硬件评估的一年两次评估活动构成了海淀区资源教室区级评估管理的完整体系。至今，区内已有市级资源教室示范校3所，市级资源教室先进校2所。

　　海淀区的资源教室建设及运作工作，从区级层面看，创建了一套成熟的区级管理运作模式；从校本化运作看，学校在资源教室的管理及运作机制、环境建设、课程设置、教学实践以及师资队伍建设方面积累了丰富的经验，在满足学生特殊教育需要的同时形成了校本特色，对资源教室工作全面而深入的推广具有较大的参考和借鉴价值。

　　《资源教室建设方案与课程指导》一书共包括九章内容，由理论基础和实践案例共同构成。第一章为资源教室的理论概述，第二章至第六章涵盖了资源教室管理与运作机制、环境建设、课程设置、教学实践与师资队伍建设共五个主题，分别由在资源教室建设与运作的实践研究中取得突出成就的海淀区域内的学校完成；第七章与第八章重点阐述海淀区资源教室的支持保障与评估体系；第九章完整地呈现两所学校资源教室运作与实践的案例。本书的出版旨在梳理与沉淀海淀区资源教室工作多年的实践成果，为融合教育同行了解海淀区融合教育工作打开一扇窗，以促进区域间的交流。希望本书的出版能够将海淀区资源教室的实践经验推向全国，并得到同行反馈，从而深化资源教室的运作实践，进一步推动资源教室工作的发展。

王红霞

2017年4月

目 录

第一章 资源教室的理论概述 ………………………………………… 1
　第一节 资源教室概述 ………………………………………………… 1
　第二节 资源教师的职责与管理 ……………………………………… 7

第二章 资源教室的管理与运作机制 ………………………………… 14
　第一节 爱与尊重为魂　服务育人为本　融合教育同行 ………… 14
　第二节 有效管理　让生命之花快乐绽放 ………………………… 23

第三章 资源教室的环境建设 ………………………………………… 38
　第一节 净化心灵　感受幸福 ……………………………………… 38
　第二节 让"心灵港湾"成为孩子健康成长的驿站 ……………… 48

第四章 资源教室的课程设置 ………………………………………… 57
　第一节 专业化课程铸就学生成长 ………………………………… 57
　第二节 个性化课程建设 …………………………………………… 89

第五章 资源教室的教学实践 ………………………………………… 109
　第一节 创新资源教室教学　促进特殊学生成功 ………………… 109
　第二节 爱在融合　力行教学 ……………………………………… 119

第六章　资源教师队伍建设 … 135
第一节　尊重规律　追求专业　让随班就读学生在爱的阳光下成长 … 135
第二节　聚焦资源教师成长　托起融合教育未来 … 147

第七章　资源教室的支持与保障 … 159
第一节　资源教室的政策保障 … 159
第二节　资源教室的建设流程 … 166
第三节　资源教室的专业支持 … 169

第八章　资源教室的评估 … 175
第一节　资源教室硬件评估 … 175
第二节　资源教室全面评估 … 180

第九章　资源教室运作与实践案例分析 … 195
第一节　依托资源教室　共享普特互融 … 195
第二节　融合之力　童心永驻 … 227

参考文献 … 251

后　记 … 255

第一章 资源教室的理论概述

资源教室是普通学校融合教育发展的重要举措，是特殊教育需要学生[①]接受个别化教学的关键场所，具备筛查评估、教育康复、学习辅导、专业培训、教育咨询、心理辅导、档案管理等多重功能。资源教师是资源教室的核心人物，承担资源教室的具体工作，应具备良好的专业素养，包括态度与信念、专业知识、教学技能、沟通合作能力和反思能力等方面。为保证资源教师的长远发展，学校需对资源教师的编制问题、在职培养和评价机制加以规范。

第一节 资源教室概述

一、资源教室的概念与意义

（一）资源教室的概念

资源教室，来源于英文的 resource room 一词，资源教室是一种教育措施，它是指在普通学校中设置，专为特殊学生提供适合其特殊需要的个别化教学的场所（教室），这种教室聘有专门推动特殊教育工作的资源教师，以及配置各种教材、教具、教学媒体、图书设备等[②]。它具有为特殊教育需要学生

[①] 特殊教育需要学生（特殊学生）：包括随班就读学生及其他在教育方面有特殊需要的学生；随班就读学生特指有明确医学诊断证明的学生。

[②] 徐美贞，杨希洁．资源教室在随班就读中的作用[J]．中国特殊教育，2005（03）：13-18．

提供筛查评估、教育康复、学习辅导，为教师和家长提供专业培训、教育咨询和心理辅导等功能，目的在于满足学生的特殊教育需要。资源教室的核心在于如何发挥资源教师运用"资源"的功能[1]。资源教室的理念最早由欧文（Irwin）于1913年提出，用于帮助视觉障碍学生在普通学校就学。雷诺兹（Reynolds）在1962年提出层级式"特殊教育方案的组织架构"模式，强调了资源教室的作用，但并未引起共鸣；迪恩（Duun）于1968年批判了隔离式教育，资源教室方案再次受到重视，成为安置特殊学生的主要措施之一。之后，在回归主流的推动下，资源教室不仅在美国蓬勃发展，在加拿大和欧洲国家也开始发展起来[2]。资源教室在我国经历了从初步探索到快速发展的阶段，自1997年北京市宣武区后孙公园小学建立第一个资源教室以来，北京市普通学校的资源教室建设历经了十几年的发展，取得了较大的成绩[3]。目前我国还专门出台《普通学校特殊教育资源教室建设指南》（教基二厅〔2016〕1号），为资源教室的建立指明方向。

（二）资源教室建设的意义

资源教室的建设有利于完善我国融合教育支持保障体系。资源教室是联系普通教育与特殊教育的桥梁，也是融合教育支持保障体系的关键环节。资源教室建设是复杂的系统性工程，需要在建立机制和体系上下功夫，可按照"学校、学区/乡镇、县区"建立三级支持保障体系与网络[4]。三级支持保障体系的建立，形成了上下联动的沟通机制。资源教室负责人将学校特殊教育需要学生的需求报送至区特教中心，特教中心进行筛查评估，并向学校资源教师提出教育康复建议；随之，资源教师在资源教室中为特殊教育需要学生提供个别化的教育康复与补救教学等服务。在此过程中，资源教室发挥了重要作用，

---

[1] 王振德.资源教室的理念与实施[J].中国特殊教育，1997（03）：22-24.
[2] 徐美贞，杨希洁.资源教室在随班就读中的作用[J].中国特殊教育，2005（03）：13-18.
[3] 孙颖.北京市资源教室建设现状与发展对策[J].中国特殊教育，2013（01）：20-24.
[4] 彭霞光.把握资源教室建设指南的精髓 健全随班就读支持保障体系[J].现代特殊教育，2016（05）：5-7.

为特殊学生及其家长和教师提供了专业支持、情感支持、信息支持以及工具支持等诸多方面。

资源教室的建设有利于促进特殊教育需要学生的发展。近些年来普通学校随班就读质量越来越被学者所质疑，随班就读仅流于形式，学生在班级中处于从属地位，其发展质量如何并不是学校实际考虑的重点[1]。究其原因，目前普通班级的学生人数过多，随班就读教师难以做到同时既教好普通学生，又兼顾特殊学生的需要；加之随班就读教师受专业水平的限制，对特殊学生的身心发展特征和发展需要难以全面把握，更易造成他们"随班混读"而"学无所获"。在这种情况下，利用资源教室的优势，以个别化教育计划为指导，直接为随班就读学生提供有效的教育教学，将能够提升他们的总体素质[2]。

资源教室的建设有利于提高我国融合教育质量。随着国家和地方关于融合教育政策的推行，社会各界对融合教育质量的呼声越来越高。资源教室的建设与运作，必须有专、兼职资源教师，他们经过持续而专业的特殊教育培训，具备较为丰富的专业知识与技能，从而致力于特殊学生的教育康复、心理辅导与补救教学等方面的工作。资源教室也是特殊学生家庭、学校与特教中心沟通的重要纽带，为各主体的公平对话搭建了平台。无论是设施设备、专业的人力资源的提供，还是合作平台打造，都为融合教育质量的提高奠定了重要基础。

二、资源教室的功能

（一）资源教室的筛查评估功能

资源教室所有工作都从学生需求出发，因此，若想了解学生的特殊需求，

---

[1] 邓猛，景时. 从随班就读到同班就读：关于全纳教育本土化理论的思考[J]. 中国特殊教育，2013（08）：3-9.

[2] 徐美贞，杨希洁. 资源教室在随班就读中的作用[J]. 中国特殊教育，2005（03）：13-18.

需对之进行筛查评估。学生的筛查评估需要具有全面性,从而整体把握学生的特殊需要和优势潜能,具体包括以下几个方面:首先,对初入学的学生进行初步调查,包括障碍类别、障碍程度、学习能力和适应能力等方面,还可向家长了解其他相关情况,为该学生建立成长档案。其次,任课教师根据日常学习生活中对学生的观察,将特殊教育需要学生的情况提供给资源教师,资源教师利用专业的评估量表或其他工具对学生进行评估。筛查评估的目的绝非为学生贴上"特殊"的标签,而是为了更好地依据学生的需要提供相应的教育和支持。

(二)资源教室的教育康复功能

根据学生筛查评估的结果,确定学生的特殊教育需要和优势潜能,在此基础上为学生制订个别化教育计划,其中一项重要的目标即通过教育康复提高学生的技能,开发学生的潜能。具体而言,资源教室中的教育康复活动包括言语训练、感觉统合训练、精细动作训练、注意力训练、思维训练、社交训练等诸多方面。这些训练往往可以通过游戏、绘本干预、社交故事等多种方式进行开展。资源教室的康复训练既有一对一的个别指导形式,也有一对多的团体指导形式。

(三)资源教室的学习辅导功能

资源教室可以利用额外的时间对学生进行学业补救。特殊教育需要学生在学习上存在诸多困难,时常难以跟上教师正常的授课进度。基于此种情况,资源教师可依照为他们制订的个别化教育计划或学习目标,为其进行学习辅导,这不仅包括不同学科知识的辅导,还包括不同学习策略的辅导。此外,资源教师还可以进入课堂,观察特殊教育需要学生在课堂中的表现,并与任课教师进行合作教学,为学生提供直接的学习辅助。

（四）资源教室的专业培训功能

由于普通学校教师缺乏特殊教育的专业背景，对特殊学生发展特点认识不足，对专业的管理和教学方法掌握不够，且与资源教师相比，他们接受特殊教育专业培训的机会相对较少。因此，资源教室便可发挥本校特殊教育专业培训的功能，旨在让教师认同融合教育的理念，了解并运用特殊教育的基础知识和专业技能。其中，基础知识包括特殊学生发展特点、特殊教育基本理论等方面；专业技能如基础筛查、个别化教育计划制订、行为管理策略、课程与教学调整等诸多方面。除此之外，资源教室中还可以进行特殊学生家长培训，帮助家长树立正确的教育观念，并为家长提供特殊学生家庭教育的技术与策略。

（五）资源教室的教育咨询功能

资源教室拥有特殊教育与融合教育的专业书籍及期刊，既包含基础理论，又不乏实践案例，可以为普通教师提供丰富的参考资料。资源教师本身也可以向普通教师介绍成熟的融合教育实践经验，如班级融合环境的营造、座位的调整、助学伙伴的安排，以及课程内容与教学方法的调整等方面。当教师在教育特殊学生的过程中遇到困惑，或者需要资源教室的专业支持时，可以及时与资源教师沟通交流，寻求帮助。此外，资源教师还可以经常与学生家长进行沟通交流，了解他们的困难之处，给出家庭教育的建议，并提供具体的帮助。

（六）资源教室的心理辅导功能

资源教室可以为特殊教育需要学生提供心理辅导。特殊教育需要学生在普通班级或难以跟上教师的授课进度，或因为多方面原因与同学关系出现矛盾。长此以往，他们往往会减少对学习和社会交往的信心。资源教室设有心理辅导区域，如沙盘区、游戏区等，便于了解学生的心理发展特点，并通过多种途径增强他们的信心，促进他们保持良好状态。此外，资源教室还可以为家长提供心理咨询服务，帮助家长舒缓心理压力，提升家长培养学生的自信心。

（七）资源教室的档案管理功能

资源教室还负责对特殊教育需要学生的档案进行专门管理。资源教师要为每一位在资源教室接受服务的随班就读学生建立个人档案，包括个人与父母（监护人）的基本信息、筛查评估结果、个别化教育计划、资源教室服务记录、过程性评价资料等多方面的档案材料，作为了解随班就读学生长远发展的重要依据。资源教师在有精力的情况下也可建立在资源教室接受服务的其他特殊教育需要学生的个人档案，主要包括资源教室服务记录、过程性评价资料等方面。

三、资源教室的特点

（一）资源教室功能具有过渡性

资源教室是一种暂时性的支援教学。在连续性的融合教育服务中，资源教室的安置通常是暂时性的，要依据学生的个别需要及学习进步的情形做适时的调整[1]。资源教室并非特殊学生在普通学校接受教育的主体形式，而是为了满足学生的特殊需要，充分挖掘学生的潜能，提升学生在学业和社会性发展等方面能力的重要途径，是促进特殊学生最终完全融入普通班级的过渡阶段。因此，资源教室的教学更多是支持性质、服务性质和辅助性质的，这就要求资源教师随时与随班就读教师保持密切联系，了解学生的动态发展情况。

（二）资源教室教学方式多样化

资源教室教学的方式主要是附加式以及抽取式与附加式相结合，较少单

---

[1] 刘春玲，江琴娣.特殊教育概论[M].上海：华东师范大学出版社，2008：29.

独采用抽取式的方法。其中,附加式是指在正常教学基础上给予学生特别支持;抽取式指的是将学生从普通课堂中"抽离",在资源教室接受个别化教育服务的方式[①]。资源教室立足于特殊教育需要学生的差异需求,因此,更为注重采用个别教学或小组教学的方式,而非集体教学形式。个别教学以学校为学生制订的个别化教育计划为基础,资源教师参照学生发展的目标,设计适合学生的课程内容,并确保课程的连贯性与科学性。小组教学是基于学生的相似发展特点所采用的教学组织形式。在小组教学中,资源教师不仅可以向他们传递知识,还可以教会他们合作的技能。

(三)资源教室服务对象趋于多元化

随着资源教室功能的扩大,其服务的对象也愈加趋于多元化。资源教室不再单一地为随班就读学生服务,还要为学校其他特殊教育需要学生提供支持,这些学生或感统失调,或有情绪行为障碍,或存在社交障碍。资源教室的专业设备可以帮助他们提高感觉统合能力,资源教师的专业干预可以减轻学生的情绪行为问题,还可以提升学生的社交信心与技能。此外,资源教室还是普通教师汲取特殊教育专业知识和技能的重要场所,也是特殊学生家长缓解心理压力的重要途径。

第二节 资源教师的职责与管理

一、资源教师的职责

资源教师是实施资源教室方案的核心人物,是学校的资源人士,必须具有特殊教育基本素养和专业能力,负责资源教室管理与实施教育活动,对特殊学生及普通教师提供直接或间接的教育服务,对家长以及其他人员提供专业咨

[①] 李娜,张福娟.上海市随班就读学校资源教室建设和运作现状的调查研究[J].中国特殊教育,2008(10):66-72.

询[1]。曾有研究者对资源教师的职责进行了详细的划分，如表 1-1 所示[2]。

表 1-1 资源教师职责

鉴定与评估	1. 启动转介程序，做好相关准备工作，如熟悉转介流程和设计表格。 2. 熟悉学生转介资料，安排筛选、鉴定和评估相关事宜。 3. 与普通班教师一起从普通班筛选"有特殊需要的学生"。 4. 收集学生在普通班学习具体情况，为鉴定和评估做准备。 5. 进行教育诊断测验，为鉴定和评估做准备。 6. 配合进行多元评估，汇总、撰写评估鉴定报告，提出初步安置和教育方案。
教学与指导	7. 参与设计个别化教育计划方案。 8. 设计并运用特别的教学方法和行为指导策略，进行个别训练和指导。 9. 选择、设计适合个别学生需要的教材、教具和多媒体。 10. 开展小组的或个别的资源教学。 11. 动态观察和评估学生接受资源教学发展状况，为修改 IEP 收集信息。 12. 促成学生回归主流，跟踪服务直至完全适应普通班级的教学活动。 13. 指导或协同完成正常班级的差异教学。
咨询与沟通	14. 为普通教师、家长和（或）志愿者提供特殊教育专业技能咨询。 15. 给普通教师、家长等介绍或提供特殊教育有关法规、书籍和其他信息。 16. 给普通教师介绍或提供在正常班可使用的特殊教材及其教具。 17. 为普通教师介绍或提供在正常班开展 IEP 教学或行为辅导策略。 18. 主（协）办特殊教育研讨班（研讨学习活动），介绍特殊教育有关知识。
行政事务	19. 分析、整理学生接受资源教室方案（Resource Room Program，以下简称 RRP）服务的内容、教育效果及其他行为表现，充实和完善学生档案。 20. 定期开展资源教学成败的自评工作，作为发展或改进的参考。 21. 组织有关人员研讨资源学生学期或学年度的实施计划。 22. 管理资源教室内各种软硬件设施。 23. 资源班学期经费预算和使用计划。 24. 组织召开（定期或不定期）资源班教育的各项会议。

---

① 刘慧丽. 融合教育理念下资源教师角色的指导模式研究 [D]. 武汉：华中师范大学，2013.
② 王和平. 随班就读资源教师职责及工作绩效评估 [J]. 中国特殊教育，2005（07）：37-41.

续表

公共关系	25. 向同事和家长介绍 RRP 的功能，获取其理解和支持。 26. 与普通教师交流资源班学生中学习发展的信息，并交流经验。 27. 与相关教师或教辅人员沟通协调，建立良好关系，便于开展工作。 28. 组织并利用各种校外资源，促进资源班的教育教学工作的开展。 29. 与家长联系，告知学生在资源班的发展情况以及要求家长配合事宜。 30. 与相关学术和行政机构保持联系，了解 RRP 发展动态和相关政策。 31. 与专业机构联系，及时解决 RRP 实施中的疑难问题。 32. 构建学区（校）"助学伙伴"队伍，获取助学者帮助及其家长支持。
教科研	33. 相关基础理论和研究方法的自学或咨询。 34. 规划学期、学年度或更长时间的研究课题。 35. 课题研究的组织实施。 36. 向学校同事、家长或相关会议作专题研究报告，介绍和推广研究成果。

二、资源教师的专业素养

资源教师的专业化水平是资源教室发展的关键。以往研究者指出，资源教师是学校的资源人士，提供诊断评量、教学、咨询等服务，应是一位具有特殊教育专业素养的人，如果未能谨慎选择资源教师，将严重影响资源教室的功能。学校在建设资源教室之初，应选有热忱、活力且具有专业素养的教师担任[1]。具体而言，资源教师应至少具备五种专业素养，即态度与信念、专业知识、教学技能、沟通合作能力以及反思能力等方面[2][3]。

第一，资源教师应具备良好的态度与信念。资源教师的态度决定其采

---

[1] 王振德. 资源教师的角色功能 [J]. 小学特殊教育，1986（06）：30.

[2] Deng M., Wang S., Guan W., et al. The development and initial validation of a questionnaire of inclusive teachers' competency for meeting special educational needs in regular classrooms in China[J]. International Journal of Inclusive Education, 2016：1-12.

[3] Mu G. M., Wang Y., Wang Z., et al. An Enquiry into the Professional Competence of Inclusive Education Teachers in Beijing：Attitudes，Knowledge，Skills，and Agency[J]. International Journal of Disability，Development and Education，2015, 62（06）：1-19.

取的具体行动，因此，态度经常被认为是融合教育取得成功的关键因素。对融合教育富有热情的教师，更容易在工作中积极进取，不断学习，完善自我。对学生持积极态度与信念的资源教师，将会以学生发展为本位，以开发学生潜力为目标，这都会对其教学理念和具体教学实践产生直接影响。

第二，资源教师应拥有丰富的专业知识。资源教师是普通学校内对特殊教育最为了解的专业人员，因此，应该了解并熟悉特殊学生的发展特点、特殊学生班级管理的策略、融合课程与教学的调整、融合环境的创设等方面的专业知识。这是资源教师为融合教育教师提供指导，为特殊学生提供康复训练、学业补救或心理辅导的重要基础。

第三，资源教师应具备扎实的资源教室教学技能。资源教师不仅是资源教室的管理者，还必须在资源教室中完成一定的教学任务，为特殊教育需要学生提供康复训练、学业补救或心理辅导。资源教师只有亲身接触特殊学生，才能够在教育他们的过程中，不断提升实践能力与专业素养，积累丰富的教学经验，并以此为随班就读教师提供切实的专业支持。

第四，资源教师应具备较强的沟通合作能力。资源教师需要与学校融合教育教师、主管领导、区特殊教育中心保持长久联系，要求资源教师有良好的沟通合作能力。这有利于资源教师和融合教育教师及时交流，发现问题，了解需求，并以专业的知识与技能为他们提出适用的解决方案。此外，资源教师还可以将学校融合教育发展的愿景向学校领导反映，提高学校行政支持力度。最后，资源教师与区特殊教育中心的及时沟通，有利于获得特教中心的专业支持，从而提升学校融合教育发展的专业化水平。

第五，资源教师应具备良好的反思能力。资源教师服务的对象特殊，且服务范围较广，需要具备多方面的能力，其中，反思与总结是推动资源教师发展的关键。无论是专业培训的知识或技能，课堂观察到的学生表现，资源教室教学的实践,还是与各利益主体的沟通,资源教师都需要对其中重要的环节进行总结与反思。这就要求资源教师在日常工作中多积累文本及视频资料,或通过写日志、观察记录等方式收集资料,从而促进专业素养的持久提升。

三、资源教师的管理

(一)资源教师的编制管理

资源教师的编制问题是制约资源教师队伍建设的关键因素。研究发现,安排专门资源教师的学校,其资源教室的建设和效用发挥得最好,应该由专人负责资源教室工作[①]。因此,为充分发挥资源教室的作用,首先需解决的问题就是专职资源教师的编制问题,做到专人专岗,避免资源教师除了负责资源教室工作之外,还承担学校行政或教学工作的情况。此外,有条件的学校可培养兼职资源教师,他们可与专职资源教师一同促进资源教室的建设,为特殊学生提供专业支持与服务。

(二)资源教师的在职培养

学校应该为资源教师多提供参加专业培训的机会,提升其专业发展水平,从而使之更好地为特殊学生及其家长,以及融合教育教师提供服务。区特殊教育中心具体负责资源教师的在职培训事宜,建立完善的培训体制,例如累积学分制、区级资源教师培训管理系统等方面。此外,资源教师的培训应该注重培训课程的多元化、培训方式的多样性、培训内容的连续性,重点关注资源教师培训的质量,切实提升资源教师的专业素养。

---

① 李娜,张福娟.上海市随班就读学校资源教室建设和运作现状的调查研究[J].中国特殊教育,2008(10):66-72.

（三）资源教师的评价机制

资源教师的评价机制是资源教师管理的重要方面，是激励资源教师发展、评估资源教师工作成效的重要途径。根据以往研究成果，资源教师的评估可从学生能力发展、资源教学实践、资源教室建设、相关人士的沟通与合作、常规管理和专业水平与技能的发展等六个方面进行。其中，特殊学生能力发展是衡量资源教师教学成效的终极指标，评价的内容可以是学生的动作、感知、思维、注意力、沟通能力、情绪行为、社会性技能等多个方面。教学实践是资源教师工作的核心，学校通过对资源教师教学组织与实施、教学内容选择的科学性、教学目标的达成度等多方面的指标开展评价。资源教室建设包括整体规划设计、软硬件资源的购置、常规管理和维护等方面。相关人士的沟通与合作的衡量标准主要是沟通合作的内容及成效。资源教室的常规管理评价主要依据资源教师对资源教室的使用流程及学生档案等方面的管理等。资源教师的专业水平与技能的评价则是通过对资源教师理论知识和实践技能的考察来完成[①]。

资源教师的评价可以采用多样的形式，逐步建立多元评价制度。评价的主体可以是特殊学生及其家长、普通教师、学校行政人员、区特殊教育中心等。评价的方法包括资源教师自评、档案检查、课堂观察、教学案例评估等多方面。教师自评可以把握资源教师工作的细枝末节，对资源教师有更为全面的了解。档案检查是查阅资源教师所负责的档案资料，根据资料的翔实性和规范性对资源教师做出评价。评价者可以在现场对资源教师的教学做出评价与反馈。此外，资源教师通过提供教学录像或通过说课形式呈现对特殊学生开展的教学活动，评价者依据资源教师教学的技能和课堂管理能力等方面对资源教师做出综合评价。

---

① 王和平.随班就读资源教师职责及工作绩效评估[J].中国特殊教育，2005（07）：37-41.

结　语

资源教室是联系普通教育与特殊教育的桥梁，也是融合教育支持保障体系的关键环节。资源教室的建立具有极其重要的意义，不仅可以促进特殊学生的发展，还对融合教育整体质量提升起到关键作用。资源教室具有筛查评估、教育康复、学习辅导、专业培训、教育咨询、心理辅导、档案管理等多方面的功能。资源教师是资源教室方案的核心人物，需要具备态度与信念、专业知识、教学技能、沟通合作能力以及反思能力等多方面的专业素养。对资源教师的管理应着重关注编制问题、在职培训以及教师评价等方面。

第二章　资源教室的管理与运作机制

资源教室管理与运作机制是对资源教室发展的总体设计,包括资源教室组织结构与职责、事务管理、规章制度与运作流程等方面。健全的组织结构与明确的职责分工有利于保证资源教室的有效运转;规章制度是资源教室管理的重要依据;运作流程是对资源教室功能实现的具体呈现。本章以中国人民大学附属中学翠微学校和海淀区实验小学为范例,全面呈现其资源教室的管理与运作机制。

第一节　爱与尊重为魂　服务育人为本　融合教育同行
——中国人民大学附属中学翠微学校资源教室管理与运作机制

中国人民大学附属中学翠微学校秉承"爱与尊重　服务育人"的办学理念。校长刘小惠说:"学校的精神,也可以理解为学校的文化;当一种理念、一种追求形成了习惯,演化成为文化的时候,就会渗入每一个成员的精神之中,从而汇集为学校的精神。"

一、学校与资源教室概况

（一）学校情况概述

人大附中翠微学校是一所在北京市教育改革大潮中应运而生的学校。2014

年4月30日，海淀区教委与中国人民大学附属中学签署协议，将翠微中学、卫国中学合并，由人大附中正式承办，更名为中国人民大学附属中学翠微学校。学校的初中校区，占地20余亩，现有24个教学班，在校生780人，学生有走读和寄宿两种方式；高中校区，占地18亩，现有18个教学班，在校生500人，学生全部走读。经过2007年校舍改造和2011年校舍的抗震加固，以及近年的文化建设，学校教育教学的设备设施已经达到较为先进的水平，校园文化也彰显了现代教育的精髓。

（二）资源教室建设

由于三校整合，生源、师资、办学理念和目标都发生了很大变化。现在一校两址，原翠微中学设为高中部，原卫国中学设为初中部。学校2011年开始着手建设资源教室，两个校区于2013年分别建成60平方米、90平方米的两间资源教室，2014年4月及5月接受了海淀区特教中心的评估督导。学校在两校原有资源教室建设的基础上，一切从学生出发，为了满足学生多样化需求，2015年继续申请资源教室建设项目，以便更好地为特殊教育需要学生提供优质的学习环境，帮助学生了解自我，自信快乐；帮助家长提升孩子与他人交往的能力，最大程度促进特殊教育需要学生在集体中的健康发展。另一方面，资源教室针对普通学生的特殊需要提供服务，拓展资源教室的功能服务范围，促进多层面的教育融合。在2016年5月资源教室工作评估督导中，学校资源教室被评为"优秀资源教室"。

在教委等上级部门的支持下，学校完成资源教室、心理咨询室共计180平方米的建设工作。根据学校资源教室现在的基础设施、学生数量、功能需求等方面的特点，学校将资源教室划分为5个区域：接待办公区、咨询谈话区、学习辅导区、观察训练区、游戏活动区，为特殊教育需要学生提供学习、生活、游戏、锻炼的场所。资源教室同时配备必不可少的教具、学具、图书、资料、训练设备、器材等，可以为特殊教育需要学生提供补救教学、康复训练和教育评估，以满足具有显著个别差异学生的特殊教育需要。

资源教室一角

学校资源教室自建成以来,逐渐形成了如下几方面的特色。首先,学校建有完善的资源教室管理制度,对资源教室的功能及资源教师的职责进行了明确规定;学校还逐渐探索出校本资源教室运作机制,为特殊教育需要学生提供精准的资源教室服务。其次,学校建有的美术、音乐专业教室、演播厅、录课室等形成一个教育资源区,把其他设施设备整合,作为学校资源教室的共享资源。再者,由于校园整合等原因,初高中学生情况各有不同,两个校区目前随班就读学生全部在初中校区就读。学校教师根据需求,灵活搬运资源教室的教学用具,或带学生到高中部做辅导,实现两个校区资源共享。最后,学校融合教育教研组一直在个别化教育计划的制订与实施方面进行探索实践,在此过程中,借助资源教室的平台,以资源教师为核心,遵循融合教育思想,开展全方位的个别化教育工作,共同促进资源教室的发展。

学校的办学模式对资源教室的运作以及特殊教育需要学生的助学优势逐渐显露出来。一是办学模式的优势,小班化教学对特殊教育需要学生的关注更多,并可以对学生实施系列化的教育教学,有条件的情况下可以和个别学生的就业相挂钩;二是硬件设备完善,对智力障碍、学习障碍和情绪障碍学生开展团体辅导和个别化教育的设备和相应的书籍基本具备；三是教师积累了一定的实际工作经历，教师的工作经历和专业知识为特殊教育需要学生的服务提供了可行性经验。

资源教室的建立，可以满足特殊教育需要学生的差异需求，为其提供个别化教育，促进特殊教育需要学生融入班级，为他们在学校接受平等的教育提供适合的环境与条件。同时资源教室的建立与使用有利于学校教师教育观念的更新，促使其全面理解素质教育的深刻内涵，帮助学生学习、适应社会，全面提升教育教学水平。

（三）随班就读情况

1. 随班就读学生。学校教师还未完全理解随班就读之时，就直接面对了这一特殊群体。近年来学校共接收随班就读学生11人，集中在2014年9月之后。接收的障碍学生中，有脑瘫1人、唐氏综合征1人、听力障碍学生1人、视力障碍学生1人、智力障碍学生3人、孤独症4人。其中，毕业离校4人，在读7人。资源教室的建立，为他们在学校接受平等的教育提供了适合的环境与条件。

2. 教师队伍。学校领导的办学理念具有前瞻性，能以教育家的情怀，站在教育发展的前沿，从2011年开始就着手培养资源教师，引进特殊教育人才。学校形成了以领导干部为主导、以资源教师为核心、班主任为带头人、德育工作带头人为骨干、随班就读教师全员参与的资源教室工作团队。目前有专职资源教师2名、兼职资源教师2名，涉及随班就读学生所在班级任课教师48人，班主任5人。

学校教师全心全意为特殊教育需要学生提供服务，他们知道没有爱就没有教育。教师唯以真诚的关爱化作学生身心健康成长的营养素，成为唤醒、激励、鼓舞学生的助推器，成为打开学生心灵之门的金钥匙。教师对教育的深刻理解，以爱心做好教育的情怀，来自于充满大爱之心的校园教育理念的滋养和熏陶。

二、完善制度，优化管理

学校将资源教室工作纳入融合教育工作计划。为把融合教育工作落到实处，学校围绕资源教室的建设成立了资源教室领导管理小组，具体而言，主要从以下六方面进行管理：

（一）明确职责

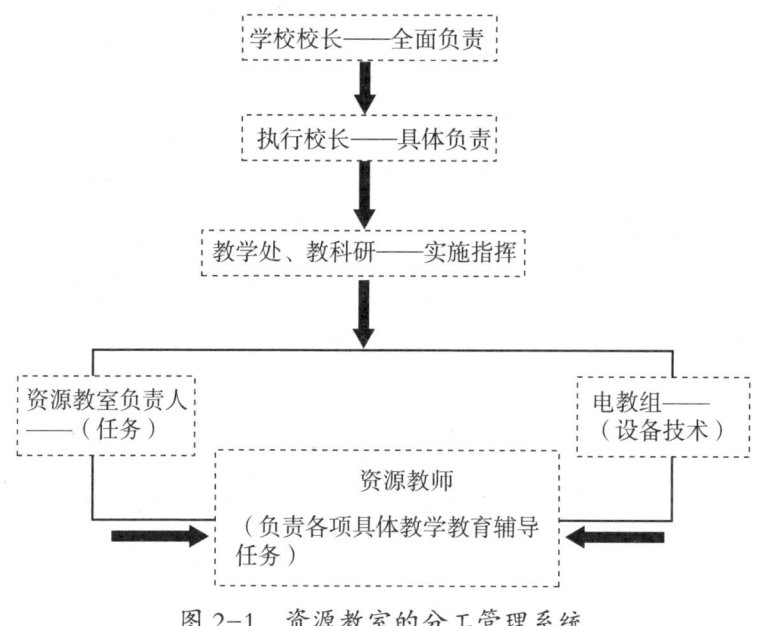

图 2-1　资源教室的分工管理系统

1. 校长——工作组长：全面负责资源教室的建设、设施购置、经费投入、人员安排等项目的审查审批；

2. 副校长——执行组长：主管监察课程设置、师资培训、运行方案的制定执行；

3. 教务主任——项目负责人：负责安排培训、调整课程、工作小组活动要求；

4. 备课组长——资源教室负责人：负责资源教室的管理使用、计划制订、活动策划安排、学生的建档；

5．专、兼职资源教师：负责学生辅导、课程实施等具体工作；

6．班主任——配合资源教师工作需求、观察学生情况变化、提供信息等。

（二）制度保障

学校制定并不断完善《人大附中翠微学校资源教室规章制度》《人大附中翠微学校资源教师岗位职责》《随班就读任课教师岗位职责》《资源教室工作流程》《资源教室管理系统及管理办法》等，制订融合教育工作计划、融合教育教研组工作计划并认真实施，对资源教师及班主任进行培训。

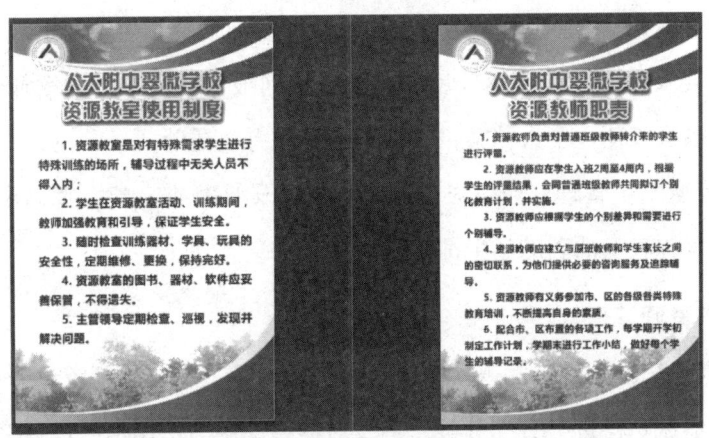

资源教室的规章制度

依据资源教室的规章制度，充分发挥资源教室的功能作用，学校安排资源教师对每学年入学的新生做好随班就读学生建档工作，并安排资源教师进行定向辅导。此外，为了配合筛查，帮助解决教师所反映的学生行为问题，资源教师还要对其他特殊教育需要学生开展随堂听课活动，每月提供帮扶服务。

依据资源教师岗位职责的要求，资源教师每周要对特殊教育需要学生开展课业辅导、心理抚慰、个别辅导、生活辅导、随班听课、联系家长等不同形式的、不低于10课时的帮扶服务。

依据资源教室的管理使用办法，学校规定：第一，每周一为预约咨询时间；第二，两个资源教室每天中午对有需求的师生轮流开放1小时；第三，每个随班就读的学生每周在资源教室参加各种辅导与活动的次数不低于2次；第四，每周一下午资源教室对心理社团开放一个半小时。

（三）学生管理

1. 随班就读学生转介。凡是有随班就读证明的学生，依据学校转介程序进行转介、安置，并建立转介生档案。每班随班就读学生不应超过两人，安置有随班就读学生的班级，在有条件的情况下相应减小班额，尽可能安排有经验的教师任教。

2. 特殊行为学生管理。当班主任或教师发现某个学生经常出现异常的行为表现时要及时向年级或学校反映，学校接到报告后要求资源教师进行初步筛查、联系家长建立个人档案，并给予辅导和有效帮助。

3. 普通学生管理。通过对普通学生的全员性测查，建立普通电子档案，凡是参加资源教室活动的学生都记录在册。

（四）资源管理

1. 训练资源管理。涵盖资源教室相关的内部资料、外部资源，针对资源教室所有器械财产进行分档分类管理，对器材使用与借用情况进行登记管理，包括职业生涯规划器材管理、特殊教育评估软件管理、原型意象查询与沙盘游戏用具管理、校园心理信息化管理、图书音像使用借阅管理、注意力训练玩具管理、潜能开发资源训练器械使用管理。

2. 档案管理。主要针对个案管理，分为个人信息管理和个案辅导记录管理。对学生个体的辅导包括心理咨询、个案辅导、沙盘制作分享记录以及个别化教育计划；个人信息和个案辅导记录进行保密性管理，学生、家长、老师非必要时不得查阅。

3. 课程设计管理。对团体心理辅导课、地方课、心理游戏辅导资源以及个别化教育课程设计等相关资料存档管理。

（五）教师管理

1. 专、兼职资源教师。依据资源教师岗位职责的要求，鼓励资源教师专业学习，依据工作量给予相应工资待遇，对资源教师的工作情况进行月评定及学年考核。

2. 其他人员。心理资源研究组成员、班主任、教师依需要参与资源教室、特殊教育需要学生相关学习与培训。在同等条件下，考核评优有所倾斜。

（六）财产管理

学校总务处负责物品购置与报废，有财产记录档案、报废程序档案。资源教室单独制定固定资产明细、心理咨询室固定资产明细、心理资源配货明细、资源教室新增明细、资源教室自查摆放明细。资源教室负责人要定期对照资产明细清查实物，对借出物品及时登记回收，对破损物品及时报修补充。

三、准确定位，加强融合

（一）运作机制

1. 功能定位。资源教室因随班就读学生应运而生，其本质功能就是为随班就读学生提供适合其自身发展需要的教育和适宜的环境，促进其身心健康发展。因此学校资源教室运作的目的在于为随班就读学生提供特殊教育服务，为随班就读教师提供支持性服务，为随班就读学生家长提供指导咨询，辅之为普通师生的特殊需要提供相关服务。

2. 工作流程。资源教室的运作由五个相互关联的环节组成，通过每一个环节的科学运作达到为随班就读学生、为有需要的师生提供有效教育支持的目的。五个环节分别是：调查分析、制订个别化教育计划、执行教学计划、配合普通班级教学以及教学评估。

在实施这样的工作流程时，学校会依据具体环境和学生情况做出相应的调整。

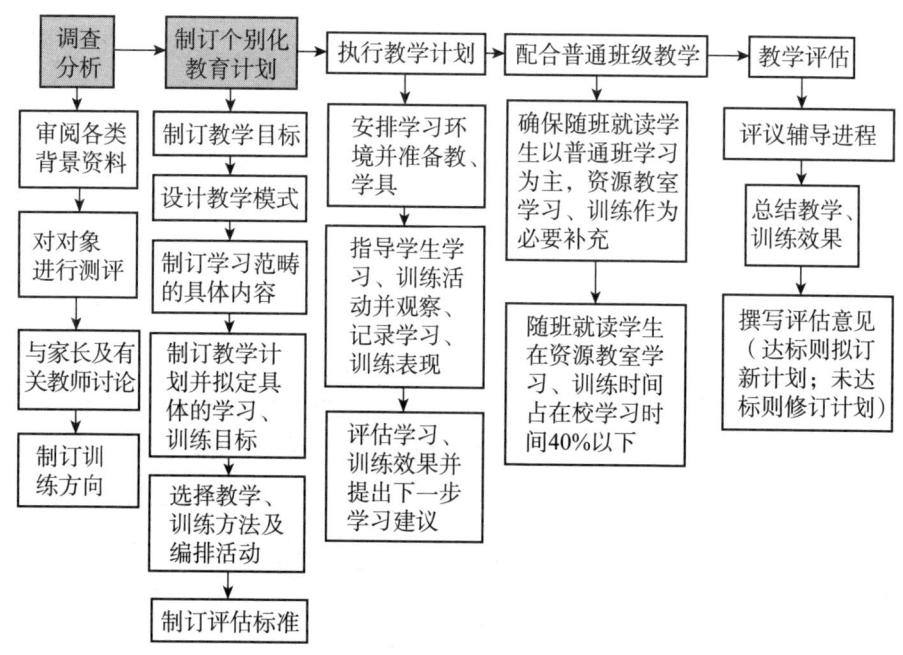

图 2-2 资源教室工作流程

（二）全面融合

1. 从课堂教学入手，课堂教学有所倾斜，争取特殊教育需要学生与普通学生共同进步，教师要做到知识分层、教学手段分层，与学生交流方法因人而异。

2. 从日常规范入手，综合评价，放大亮点，提升特殊教育需要学生自信心，教师要多与学生沟通，让学生感受集体的温暖。

3. 从学情分析入手，为随班就读学生建立个别时间表，给予充分时间在资源教室活动。对于大部分学生来说，初三升学去向、高三专业选择都是其面临的学业挑战之一，如何发挥自己的兴趣特长，学以致用，快乐生活是教育工作的重点之一。职业生涯规划系列设备是通过软硬件相结合的途径，在主观测评获得学生职业发展方向的同时,再进行对职业客观上的体验和认识,从而让学生清晰地了解职业,做出正确的职业选择和职业规划,乃至人生规划。它不仅可以帮助学生清晰明确地制定现阶段目标,还会对学生未来的发展产生深远的影响。

四、落实融合,意义深远

学校资源教室运作以及随班就读工作赋予现代教育新的使命和更完善的功能,融合教育工作开展的成效和意义就在于促进了特殊教育需要学生的身心发展和与社会的融合;促进了教师教育观念的转变,使教师对教育的功能、教育的价值进行重新认识和思考;更主要的是使全社会更加了解这个特殊群体,提高了社会的文明程度;也使普通学生通过和特殊教育需要学生共同学习、密切接触,培养了关心、同情和帮助他人的良好思想品德。

资源教室可承担特殊教育需要学生的训练和教学工作,还可以承担帮助完善学校全体学生心理健康教育的任务。培养身心和谐健康与适应社会发展的高素质人才,会给学校带来较好的社会反响,也是学生和家长乃至全社会的福祉。

学校将以全面促进学生个性发展、教师专业发展和学校特色发展为目标,推进资源教室的建设和融合教育工作的开展,完善学校的功能,吸取三校精华,共同打造一所令人民满意的优质学校。

第二节 有效管理 让生命之花快乐绽放

——海淀区实验小学资源教室管理与运作机制

多年来,海淀区实验小学以党的教育方针为指导,实施素质教育,坚持立德树人,为国家、为社会培养全面发展的合格毕业生。在以校长为核心的领导集体的有力带领下,全体教职员工和衷共济,励精图治,在办好人民满意的教育之路上孜孜不倦地奋斗与追求。为了深入落实《北京市中小学融合教育行动计划》,满足所有学生,特别是特殊教育需要学生的需求,推进融合教育的实施,2014年,学校在上级部门的全力支持下,建立了以特殊教育需要学生群体为主要服务对象的资源教室。资源教室自建立并运作以来,已有近三年的时间。现在,学校资源教室的工作已步入正轨,设备、管理和运作符合《北京市随班就读资源教室建设与管理的要求》,发挥了积极的教育功能,取得了一定的教育实效。

一、资源教室基本情况介绍

(一)申请专项资金,为特殊学生群体开辟活动天地

学校从 2008 年起开始接收随班就读学生,至今累计接收随班就读学生 12 名。其中,肢体障碍学生 2 名、智力障碍学生 5 名、孤独症学生 3 名、听力障碍学生 1 名、脑瘫学生 1 名。

2013 年和 2015 年,学校根据学生需求,先后向区教委申请建设资源教室项目和资源教室硬件设备添置项目。2014 年,北京市教委为学校投资专项经费 50 万元,用于新建资源教室。2016 年,海淀区教委为学校投资专项经费 95400 元,用于增添硬件设备。在校长和书记的高度重视下,学校成立了专项领导小组,专门召开行政会议,明确职责,落实分工;加强监督检查,推进项目实施工作,对项目审批、建设、检查、验收等环节指派专人负责,层层落实;遵循公开透明的原则,落实相应的资金审批程序和资金管理制度,做到校务公开,会上讨论,专款专用。

2014 年,新建的资源教室落成,区域划分明确,功能设置合理。资源教室不仅硬件、软件专业性强,而且环境温馨,训练器械丰富,功能完善。2016 年,学校办学硬件条件提升,资源教室搬入了 70 多平方米的新家,同时运用专项资金增添了新的训练辅助设备。

（二）合理划分区域，为学生创设优质的活动空间

1. 合理的功能区域

学校资源教室共有六个区域，包括办公区、接待区、学习区、教学资源区、康复训练区和心理辅导区。办公区，用于资源教师办公，包括管理档案、处理日常事务；接待区，用于接待学校教师、学生家长、特殊教育需要学生及其他相关接待工作；学习区，用于资源教师辅导学生、学生小组合作学习等；教学资源区，用于储存保管各种教育教学资源；康复训练区，利用注意力测试仪、网络、DVD等相关设备对学生进行康复训练；心理辅导区，利用沙盘、音乐、电脑等对学生进行情绪疏导，对学生家长进行指导。

2. 完善的软硬件设备

（1）常规设备

各种功能的桌椅、资料柜、学具柜、电视柜、书柜、图书杂志架、学生作品展示架、注意力测试仪、辅助沟通训练仪、言语障碍（听说）双向训练桌、学生作品展示板、PREP阅读增强训练系统等。

（2）办公设备

必要的电脑、复印机、打印机、直播电话、电视机、音响、DVD等。

（3）测查评估专业资源

心理量表、学习诊断量表、问卷调查工具、注意力障碍评估与训练系统。

（4）图书音像资源

特殊教育学的相关书籍；特殊教育的相关规划、政策、规定等文件；特殊教育的论文集；适合随班就读学生的各类杂志、书报。

（5）学具、教具、玩具

精细动作训练用的手工制品、沙盘、毛绒玩具等。

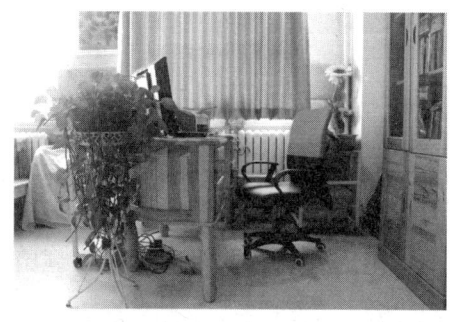

资源教室各区域

（三）充分利用资源，促进学生发展

学校充分利用资源教室，安排资源教师对特殊教育需要学生进行文化知识学习、缺陷补偿与矫正、感知肌能训练、生活自理能力训练等。每周特定时间，学校安排特殊教育需要学生到资源教室，由教师根据其个别需要，制订专门的训练计划，安排不同的学习与训练内容，使用配备的训练器材、玩具、图书等专业资源，让有需求的学生接受多方面的康复训练，从而锻炼学生动手能力，提高学生的注意力，促进学生潜能的发挥。资源教室除了为特殊教育需要学生提供有针对性的学习生活环境外，也可以作为全校师生放松、进行专业心理测评的地方。

二、资源教室的组织结构与管理制度

（一）科学管理，逐级落实

资源教室的管理工作涉及方方面面，包括资源教室管理制度的确定、教师的岗位职责确定、设备管理、资源管理、档案管理和学生管理等。做好管理工作是保障资源教室按照规程正常运作的关键。资源教室由校长全面负责，分管副校长作为资源教室的直接负责人，分管德育主任是资源教室运作与管理的具体负责人，专职资源教师负责各项具体工作的执行和实施。

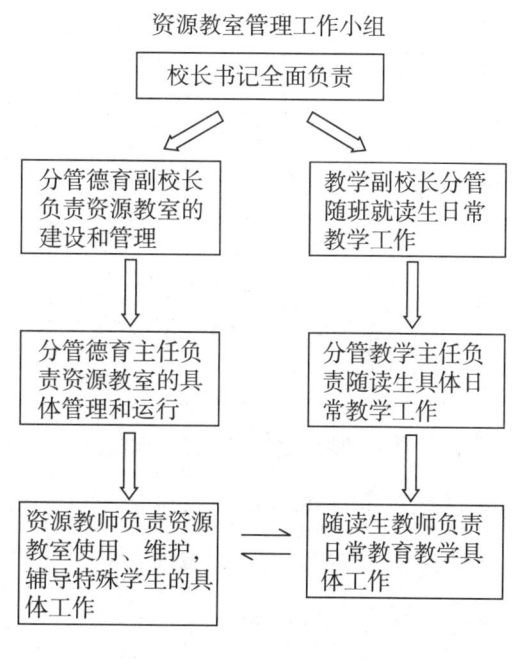

资源教室管理工作小组

（二）细化管理内容，保证顺利运行

1. **制定教师岗位职责**。在资源教室建成之前，学校资源教室管理工作组就开始拟定《资源教师的岗位职责》。资源教室建成之初，学校结合具体环境、学生情况再次对《资源教师的岗位职责》进行完善。

2. **严格设备管理**。学校定期维护资源教室的软硬件设备，定期和不定期检查软硬件设备的使用情况。资源教室中的设备、资料专人专用，由资源教师具体负责管理、清洁、维护，如需外借，需要登记在册，明确物品名称、使用情况及归还时间等。学校主管领导会定期和不定期跟进软硬件设备的管理工作，监督设备的定期保养和维护，杜绝事故隐患的出现。

3. **最大化资源使用**。对于资源教室的一切资源，学校力求在合理使用的情况下，将其作用最大化。第一，资源教室要为特殊教育需要学生提供特殊教育服务，制订个别化教育计划，对学生进行学习辅导以及教育训练。第二，为随班就读教师提供支持性服务，并纳入学校整体的随班就读工作体系当中。第三，学校还定期举办相关讲座，组织教师开展研讨和学习活动，从而促使教师掌握随班就读教育教学理论，搭建特殊教育需要学生教育教学、经验交流的平台。第四，资源教师还关注学校随班就读常态课，定期进班进行筛查比对，对随班就读学生的日常表现进行追踪并有针对性地

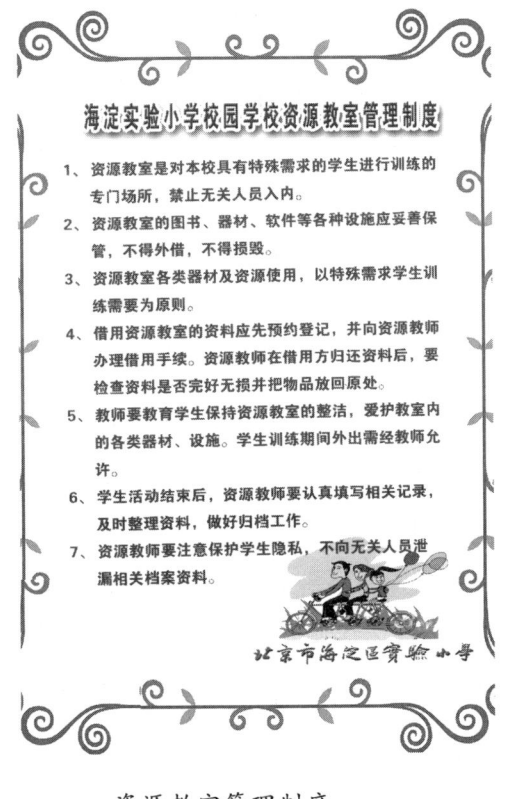

资源教室管理制度

加以指导。第五，为特殊教育需要学生的家长提供家庭教育支持。学校资源教师为家长提供指导咨询服务，定期举办家长培训，为有需求的家庭提供教育上的专业技术支持。

  4.**健全档案管理**。每一名特殊教育需要学生的情况都有所不同，同一种类型的学生也会有不同的表现。因此，资源教室为每一名特殊教育需要学生都建立一个"量身定做"的档案，档案中除了有最重要的个别化教育计划外，还会有每个学生的活动方案、活动记录表、心理测量记录、评估记录表等。每位学生的档案在建立之前，资源教师都会与家长及任课教师充分沟通，汇总各项信息。同时，每份档案由资源教师进行管理，资源教师每次活动后会

及时补充档案内容，每月会根据档案中的内容对随班就读学生的活动方案进行调整，以达到最好的效果。

5. **细致学生管理**。资源教室通过制订个别化教育计划以及安排康复训练课程的方式对随班就读学生进行管理。首先，资源教师协助制订随班就读学生的 IEP，包括学生基本发展状况的描述、长期与短期目标、支持辅助策略等方面的内容。其次，为促进特殊教育需要学生更好地融入普通班级学习生活，资源教室需要对学生开展相应的康复训练与心理咨询等方面的工作。资源教师根据学生的需求确定资源教室课程，如精细训练、注意力训练、言语表达课、逻辑思维课等，一方面提高学生适应班级生活的能力，另一方面充分发挥资源教室的功能，最终提升融合教育的质量。

三、资源教室的运作机制

资源教室的良好运转，离不开一套有效的运行机制。结合校情、学情，学校资源教室因地制宜地开展以下工作。

（一）认真做好前测工作

每学年，资源教师按照常规对一年级新生进行教育教学前测。首先，资源教师和德育主任会向班主任了解情况，得到特殊学生的信息后，资源教师进入班级听学生的常态课，观察一日活动，与学生家长进行对接。其次，对新入学的学生进行简版智力测验的施测，筛选出可能有智力障碍的学生；开学一周内根据班主任及任课老师对学生行为的反馈，结合《感统发展核对表》筛查出疑似孤独症、多动症的学生。最后，请区特教中心的教师做最后的筛查评估工作。

（二）制订好个别化教育计划

继评估、筛查工作之后，德育负责人、任课教师和资源教师共同为特殊教育需要学生制订个别化教育计划。之后，采用班级常态课和资源教室抽离课相结合的方式执行计划。随之，对学生表现开展形成性评价，一并存入学生的档案中。

　　班主任将计划的重点放在特殊教育需要学生的教育上，根据学生的气质、性格、价值观等确定其在班级中的定位，有针对性地培养学生的视野与情操；任课教师将计划的重点放在培养特殊教育需要学生的学习能力上，任课教师以最大限度地发挥特殊教育需要学生的优势潜能为目标，为学生量身定做学习方案，并随着时间的推移及时做出调整；资源教师将计划的重点放在特殊教育需要学生心理教育及康复训练上，利用专业资源帮助学生更好地融入普通班级。为使个别化教育计划落实得更好，资源教师会随时向随班就读教师推荐相关的专业文章和书刊，推荐更适合的教育方法，帮助他们增长专业知识，提高随班就读教育教学水平。同时，学生在资源教室中的个别化训练采用开放的形式，教师、家长可以随时学习、咨询，掌握有针对性的训练方法。

个别化教育计划制订研讨会

(三）重视资源教室课程开发

学校十分重视资源教室课程的开发，强调理论与实践相结合，在理论的指导下开展工作，推动教育实践，提高随班就读工作质量。对随班就读教师的培训有计划、有教材、有总结。学校拨出专项经费为随班就读教师购置相关学习资料，安排相关教师积极参加市、区随班就读教研活动，并且做到听课有笔记、研究有记录。学校一年级的数学课《"重复"的奥秘》获得了2014年海淀区随班就读评优课一等奖。另外，学校还有两名教师的教学案例获得了海淀区融合教育、特殊教育优秀案例三等奖。2016年，在"海淀区首届资源教室训练课展评"活动中，学校资源教师执教的《孤独症儿童集中训练课》荣获三等奖。学校以此为契机，通过专家指导、集体备课、相关教师团体合作探究等形式，研究有针对性的个别化教学计划的制订和实施，从多元智能的角度对随班就读学生进行指导和评价。因此，教学上做到了层次化、个别化，课堂教学模式上做到了普特融合，师资培训上做到了共同提高，形成了服务于特殊教育需要学生的高素质教师团队。

（四）开展随班就读学生的康复训练

特殊教育需要学生如果想更好地融入班级生活中，就需要得到专业的康复训练。资源教室可以为特殊教育需要学生创设出一个开放、安全的环境，这种环境可以让他们更专注于训练，不受外界干扰。资源教师会在每学期初根据个别化教育计划为每位学生制订训练计划，每周为学生安排资源教室训练课程，一次60分钟左右。根据学生的具体情况，有针对性地开展康复训练，提升学生的语言表达、精细动作、逻辑思维等能力，为学生的正常学习生活提供辅助。

康复训练课

(五)关注随班就读学生的心理与学习辅导

在康复训练之外,资源教室还为任课教师提供了实施特殊教育所需的资料、经验和进行个别教育的场所。由于学生普遍喜爱资源教室的环境,课余时间里,班主任和任课教师可以带着他们在资源教室活动,解决学习中的问题。资源教师则利用资源教室中的各项测评软件为他们定期施测,监督其心理状态;同时每周利用资源教室中的沙盘、体感游戏机、棋类为特殊教育需要学生及其阳光伙伴设计团体心理活动,促进其融入正常的人际交往圈子,维护其心理健康。

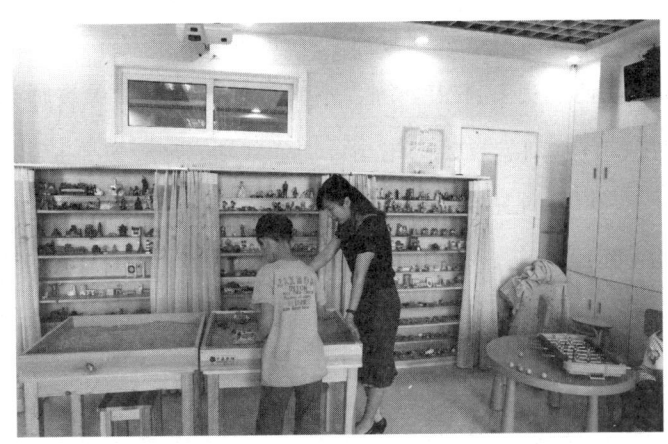

沙盘辅导

（六）为随班就读学生家长提供咨询和指导

资源教室是一个家校互动平台。每个特殊教育需要学生都有不同的家庭背景，他们大部分家庭都有一些问题与矛盾，这导致了他们在学校获得的成长，在回归家庭之后就可能会被抹杀掉。基于这一原因，资源教师会定期与班主任沟通学生的家庭情况，并定期请家长来资源教室参与孩子的训练课或学习指导，利用一些亲子活动帮助学生和家长建立更亲密的关系；同时，也为家长宣传融合教育的理念，不让家长放弃孩子在学校学习的机会，对学校的融合教育工作给予支持并充满信心。

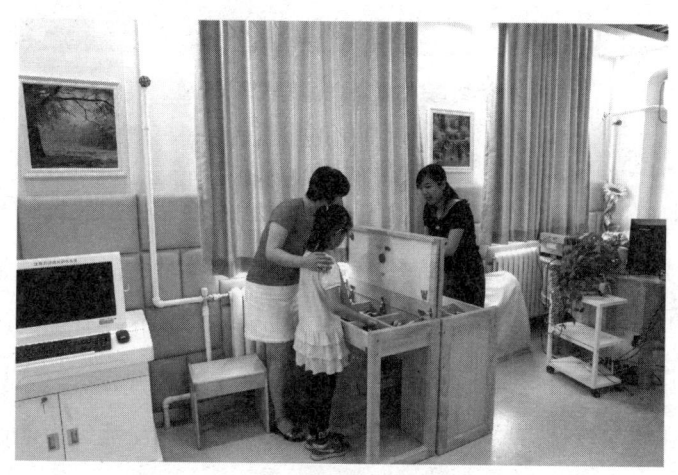

家长参与资源教室活动

（七）扩大资源教室对全体学生的帮助

资源教室不仅对特殊教育需要学生有全方位的帮助，对普通学生来说，同样是一个良好的资源库。学校的资源教室会在中午和课外活动时间面向全校学生开放，学生只需提前一天向本班心理委员预约即可到资源教室活动，体验各项训练，放松休闲等；资源教室还承担着学校心理咨询室的任务，资源教师会在资源教室中为有需要的学生提供个体、团体心理辅导。总之，资源教室为全体学生提供了良好的环境，学生的活动也让资源教室中的各项资源得到了充分的利用。

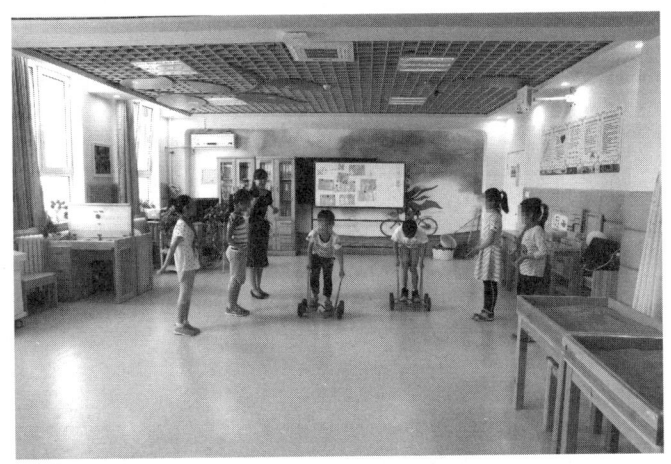

普通学生参与资源教室活动

（八）增强资源教室对教师的辐射

除了随班就读学生的班主任和任课教师以外，学校其他教师对融合教育或随班就读的概念了解得并不是很深入，有时也会对随班就读学生在校园中的行为产生困惑，资源教室在这时就可以成为一个媒介。有疑问的教师可以随时向资源教师进行咨询，共同探讨更适合学生的教育方法。之后，教师在校园中遇到特殊教育需要学生时，知道该如何更好地交流，为他们提供一个融合、美好的校园环境氛围。同时，资源教室对全校教师随时开放。教师可以在资源教室中用按摩椅、音乐放松椅、跑步机等进行放松减压，资源教师会对来到资源教室的其他教师进行压力的疏导和缓解，或适当普及融合教育知识。

四、资源教室的管理及运作特点

（一）科学管理，达成良好育人效果

资源教室的有效运行，与学校的科学管理密不可分。在申请资源教室建设专项资金之前，学校成立了资源教室管理专项工作组。工作组分工明确，指向性强，工作内容逐级落实。从专项资金的申请，到资源教室各项设施的配备；从资源教室专职教师的聘任，到参加资源教室辅导活动的学生筛查；从个别化教育计划的设计，到资源教室对全校师生的辐射等方面，都是有章法、有布局、有程序、有方法的逐级落实到位，从而起到最大的工作实效。

（二）严谨制度，促进工作顺利运行

制度是用来保障科学管理的。严谨的制度有助于各项工作开展得有条不紊，张驰有度。因此，为了资源教室系列工作有效运行，学校制定了《海淀实验小学资源教室管理制度》，制度涵盖了资源教室的使用范围、书籍资料的借阅、学生档案管理、教室卫生保洁、相关学生隐私的保护等方面。严谨的制度辅之以人文的关怀，使得各项工作开展中思路清晰、目标明确，促进了资源教室的顺利运行。

（三）合理规范，保障积极教育功能

为了深入落实《北京市中小学融合教育行动计划》，满足所有学生，特别是特殊教育需要学生的需求，推进融合教育的实施，学校合理规范资源教室工作，如，相关设备、管理和运作等均符合《北京市随班就读资源教室建设与管理》的要求。合理规范的工作，为资源教室积极教育功能的发挥提供了有力保障。

五、运作与管理中的思考

在学校资源教室运作的过程中，教师一路学习，一路摸索，一路实践，取得了阶段性的成效。

（一）取得的成绩

1.通过实践与研究，逐步摸索出一套资源教室管理运作的思路和方法。

一是建立起运行合理、稳定灵活、切合实际的管理体系和统一、高效、精干的运作模式。二是制定各类规章制度，落实好资源教室管理制度、教师岗位职责制度、学生评价制度及教师评估制度，做到责任落实到人，有法可依，有章可循，使资源教室管理向清晰化、具体化、有序化方向发展。三是严格资源教室训练计划管理、资源教室运行管理和运行质量，进一步完善各项管理措施，使资源教室的工作更加规范化。

2.学校采取挖掘内部潜力、利用外部资源等方法，坚持常年抓、层层抓，建立了一支能适应当前形势的随班就读教师队伍。针对特殊学生的教育问题开展多种形式的交流、研讨、表彰活动，推广先进经验，不仅提高了资源教师及随班就读教师工作的信心和积极性，还让教师们初步了解了资源教室运行的知识和具体操作方法，进一步推动了学校随班就读工作的顺利开展。

3.学校依托常规化的教研活动平台，努力促进教师专业成长。为了提升教师的理论水平和教育教学能力，学校定期或不定期地组织资源教师进行教研活动，活动内容包括理论学习、教学实践观摩、个案分析交流等；鼓励教师积极参加录像课比赛，撰写论文。在教学过程中逐渐摸索出一些个别化教育的模式和随班就读的教学规律，教师教学科研出了一些成果，多名教师在市区级公开课和论文评比中获奖。

4.学生的康复训练收到了一定效果。特殊教育需要学生能够积极投入班级生活，在班级中安静、快乐地学习，且得到了教师和家长的一致认可。

（二）引发的思考

1.随班就读教师普遍缺乏相关的专业知识和技能，主要依靠爱心和责任心进行教育教学管理，需要进一步加强随班就读教师的专业指导和培训。

2.进一步提升软件系统的利用率和效果，还要充分利用心理测评、评估系统，为全校师生提供更优质的服务。

结　语

  学校大力加强资源教室的管理，为的是促进每一名学生健康、快乐地成长。融合教育工作任重而道远，学校将进一步提升资源教室管理水平，提升资源教室的运行实效，不断探索资源教室工作的新思路，让学校融合教育工作再上一个新的台阶。

第三章 资源教室的环境建设

环境建设是资源教室总体风貌的展现，映射着学校资源教室建设的理念。资源教室环境建设主要包括功能区域划分、硬件设施，以及总体环境特点等方面。资源教室的功能分区一般由教师办公区、档案存放区、康复训练区、游戏活动区和心理咨询区等构成。硬件设施分别存放于不同的功能分区，是资源教室功能实现的载体。本章以北京市八一学校附属玉泉中学和海淀区花园村第二小学为范例，全面展现资源教室环境建设的相关内容。

第一节 净化心灵 感受幸福
——北京市八一学校附属玉泉中学资源教室环境建设介绍

有理想信念，有道德情操，有扎实学识，有仁爱之心。八一学校附属玉泉中学的教师不断以"四有"教师为标准要求自己，其中"有仁爱之心"是资源教师应秉持的核心理念，学校的随班就读工作也是围绕着这一理念逐步开展。资源教室的环境建设是学校随班就读工作的重要组成部分，有利于为每一个随班就读学生创造属于他们自己的温馨环境，让他们感到温暖。

一、随班就读学生情况及需求了解

学校从2009年起开始接收随班就读学生，至今累计接收随班就读学生12

名,其中肢体障碍学生1名、智力障碍学生8名、孤独症学生2名、听力障碍学生1名。近几年由于升学、家庭等原因,进入学校就读的随班就读学生数量不多,每年基本有1~2名。截止到目前,在校随班就读学生共有3名,听力障碍学生、轻度智力障碍学生、亚斯伯格综合征学生各1名。

在2009年接收随班就读学生伊始,学校本着满足随班就读学生特殊教育需要为关键点的原则开始规划建设资源教室。因此,了解学生发展特点就成为建设资源教室的重中之重。学校从接收小升初学生时就认真细致地查阅档案,确认随班就读学生的类型和特点,在学生入学后也做了更为深入的筛查,这样充分了解了随班就读学生的特殊需求;教师在工作、生活中也慢慢了解了这些学生的特殊需求,基于此,形成了对资源教室环境建设的初步规划。此外,接触随班就读学生的教师经历了从不能理解随班就读的概念、没有相应的专业知识到具备相应的能力为随班就读学生服务这一过程,教师们始终用真诚和爱心去对待这些学生,帮助他们健康成长。

二、资源教室的规划及建设

(一)资源教室环境规划

学校在2011年开始筹备建设资源教室。在筹备建设资源教室之初,以满足特殊教育需要学生发展需求为中心,学校对资源教室的整体建设做出了详尽的规划,其中包括资源教室的选址、装修、硬件设备及相关软件的采购、功能区域的划分等。学校在为资源教室选址时,不仅仅考虑到要选择一个相对安静的地点,还考虑到了资源教室建成后的采光、通风情况。综合多方面考虑后,学校选择了在自然气息最浓的紫藤园附近建设资源教室,突出了"净化心灵"的主题,同时在设计时为了保证采光和通风的良好,将资源教室的南侧改造成全玻璃式阳光房。

资源教室的玻璃式阳光房设计

在装修方面考虑到可能接收不同障碍类型学生，因此在装修上体现出了不同的特点。例如，为了听力障碍学生，学校在资源教室内外安装了信息提示屏幕；为了肢体障碍学生，学校将资源教室设置在了一层，并在资源教室附近的进出口设置了坡道，方便轮椅学生出入；为了孤独症学生，资源教室装修时注重了创设结构化环境、提供各类视觉标识。在资源教室建设阶段，学校不仅侧重考虑了资源教室的功能性，还着重考虑了安全问题，例如发生紧急情况时快速疏散室内人员的路线图，电线和网线布置是否会引起危险，装修材料和设备是否产生有毒物质或易燃，墙壁或家具的夹角是否使用软包装防止学生碰撞或自伤，有没有固定易滑落的物品等等。

在设备的采购方面，学校优先考虑具有充分发挥支持教学、辅助训练功能的设备，在功能齐全的同时便于教师和学生操作，避免出现设备成为摆设的情况。在初期采购设备时预想到了随班就读学生一开始不会很多，因此没有大量采购设备，而是做到质量上有保障，避免因随班就读学生数量不多或障碍类型改变而使设备闲置现象产生。除了硬件设备以外，学校还采购了各类与特殊教育、康复训练相关的评估工具、文件、图书、杂志、光盘，还添置了适合学生的图书、音像资料和玩具。

以上所有的规划与设计可以让学生和教师能安心、愉悦地开展活动。学校还会向普通师生开放资源教室，消除他们对资源教室可能产生的不良印象，提高他们对随班就读学生的接纳程度。

（二）资源教室环境建设与特色

资源教室的室内全景

学校于2012年建成名为"心灵·自然工作室"的资源教室，使用面积约60平方米，旨在让随班就读学生在资源教室中可以净化心灵，感受幸福；针对日益增长的需求，2014年学校进行了资源教室的扩建，使资源教室功能更加完善。学校资源教室创设的总体特点是让学生感受自然气息，在温暖安全的环境中净化心灵，促进成长。规划及创设都是围绕着这一目的进行，例如在装修时墙面、地面基本以暖色调为主，让学生在资源教室中感受温暖；在两个分区之间的墙体上制作了微型景观瀑布，让学生在活动时可以听见流水的声音，感受大自然的气息；不同的分区承担着不同的功能，可以让来到资源教室的学生都能有所成长。

三、资源教室的硬件设备

在资源教室的进门处摆放着学生心理健康测评机，为资源教师提供了评估学生特殊需要的工具；学生也可以通过触摸屏上的提示完成各种心理量表，了解其心理健康水平。测评机的两侧分别摆放着展示白板以及沙盘工具组合，展示白板为学生提供了展示自己作品的平台，也可用于训练课的数据记录；沙盘工具组合是箱庭治疗的基础工具，为语言功能受阻的随班就读学生提供了打开心扉的途径。在房间的里侧格子架中摆放着各类益智游戏、桌游50余种，与随班就读有关的书籍100余册，音像制品100余种，丰富的书籍、音像制品以及各类益智活动都为随班就读学生提供了放松休闲的途径，也能开阔随班就读学生的眼界，激发他们的学习兴趣。资源教室内还有用于各类训练的体感游戏机、穿绳子训练组合、夹珠子训练组合、积木盒等专业设备，可以为不同需求的随班就读学生提供专项训练。在阳光房内，配有跑步机、动感单车、音乐放松椅、按摩椅各一台，满足随班就读学生的运动及放松需求。此外，由于资源教室空间有限，学校另有听力训练仪一台、职业训练组合一套，在随班就读学生有需要时及时更换进资源教室并加以使用。

四、资源教室的功能分区

学校资源教室包括沙盘游戏区、精细动作训练区、活动学习区、运动放松区、心理咨询区等6个区域，每个区域都会有针对性地为学生提供帮助。

（一）沙盘游戏区

该区域包括两个沙盘展示区以及200多种沙具，按照四级阶梯分类法设计，如：人物类→宗教人物类→基督教人物类→相关原型象征，即在基督教人物里分别设计出代表上帝原型、父亲原型、母亲原型、自我像等各种原型的沙具；通过四级阶梯设计、配比，确保了沙具的专业性。沙盘游戏区主要用于资源教师辅导语言能力较为欠缺的学生，因为沙盘辅导的分析不局限于最后完成的作品本身，也着眼于从导入到制作、对话的全过程中学生的所有表现，包括其语言的表现，如向老师提出问题、解释作品内容、表述主题等方面是否大方、流畅。此外，资源教师还关注随班就读学生诸多非言语的表现，如时间的利用、选择玩具的果断与否、移动玩具的频率、小动作、眼神、面部表情、制作的速度等。通过对学生前后几次的沙盘辅导过程，资源教师可以洞察学生内心的变化轨迹、内在联系以及发展的可能性。

沙盘游戏区

（二）精细动作训练区

该区域包括拧螺丝、穿绳打结、筷子夹珠子、剪纸等多个辅助工具。资源教师针对不同阶段的学生进行不同的训练，例如，对于刚参加训练的随班就读学生，为了使学生保持训练的积极性，达到最佳的效果，资源教师将这一阶段的训练康复指标分开或交叉进行，并在训练的过程中安排一些相对有趣且简单的项目，如拧螺丝等。这些辅助器材的使用不仅能使训练活动更加活泼有趣，而且对学生手指精细动作能力的提高有很大的帮助。对于已经进行一段时间训练的学生，资源教师可以进行稍复杂的动作训练，例如筷子夹珠子，教师首先使用筷子做出示范，让学生模仿并进行练习，当学生练习熟练、手指灵活后再进行打结活动的练习，让学生的手指更加灵活。

精细动作训练区

（三）活动学习区

该区域配有体感游戏机、各种棋类、益智游戏、桌面游戏，还包括了各类书籍和心理相关的音像制品 200 余种。这一部分区域不仅对随班就读学生开放，也对全校师生开放，为他们创设出一个活动和学习的空间。其中体感游戏机可以对随班就读学生的肢体协调性进行训练；棋类和桌面游戏可以让他们找到自己的兴趣点，在进行游戏的时候可以训练表达、逻辑思维等，同时也可以拉近与资源教师之间的关系；书籍与音像制品不仅可以增加阅读、理解能力，也可以让普通师生对随班就读学生发展特点有更加深入的了解，从而更好地理解和接受融合教育。

活动学习区

(四) 运动放松区

运动放松区处于全透明的阳光房内,室外是学校的紫藤园,区域中最引人注目的就是微型景观瀑布。伴随着室内的流水声以及室外的自然景色,学生在这一区域活动时可以与大自然亲密接触,让心灵得到完全的放松与净化。跑步机和动感单车带来的运动是发泄情绪的好方式,也是转换心情的好选择;按摩椅、音乐放松椅带来的轻松可以让心沉静下来,感受每次训练的收获与体会,也可以辅助学生进行情绪训练。

运动放松区

（五）心理咨询区

该区域占地 10 平方米，由于心理咨询室的功能是给学生以指导、启示，帮助他们解决心理问题，因此与前三个区域有明显的分隔，有较好的隔音、隔离设施。为达到安静、保密的要求，也为了使学生感到亲切、和谐、平静、安全、放松，心理咨询室的内部设施简单明了，房间装修尽可能减少硬线条和棱角，室内整洁，光线柔和，设施包括两个舒适的沙发、小茶几、档案柜和绿色植物等。心理咨询可以帮助学生全面认识自我、评价自我，从而能够更好地适应社会和生活。当学生能够较为全面地认识自我后，他也就认识了自己的需要、价值观、态度、动机、优点和缺点。他们一旦能够全面认识自我就可以合理安排自己的生活，使自己能够尽快获得心理上的成长并增进个人幸福感，这也契合了资源教室的主题"感受幸福"。而心理咨询不仅能促进全面认识自我，也能加强自我内省，这种认识促使学生更有自知之明，表现在逐渐深入地理解自己的情感和社会环境及有关观念的联系，而不是习惯于从同样的角度或在同一水平重复地思考。同时，这种理解伴随着自由的情感活动和行为反应，而非固有的情感体验和行为模式，从而享受属于自己的生活。

（六）办公接待与档案存放区

心理咨询区同时承担着办公接待和档案存放的功能，每一个学生的情况都不尽相同，同一种障碍类型的学生也可能有不同的表现，这就需要学校为每一个特殊教育需要学生建立一个"量身定做"的档案。档案中除了有最重要的个别化教育计划外，还会有每个学生的活动方案、活动记录表、心理测量记录、评估记录表等。每位学生的档案在建立之前都会与家长及任课教师沟通，汇总各项信息，同时每份档案均由相应的资源教师进行管理。资源教师每次活动后会及时补充档案内容，每月会根据档案中的内容对随班就读学生的活动方案进行调整，以达到最好的效果。

上述六个区域为特殊教育需要学生提供了学习、专项训练、放松、游戏的场所，每个区域都包括了相应的教具、学具、图书、训练设备等各类软硬件的支持，可以为不同类型的学生提供针对性的训练与指导，帮助他们全面健康的成长。

办公接待与档案存放区

结　语

资源教室在"以学生发展为本"的理念下，有效实施融合教育的方案。资源教室切实做到在发展中挖掘潜能、补偿缺陷，培养社会适应能力，促进特殊教育需要学生的全面发展。学校资源教室环境建设的主题"净化心灵，感受幸福"，为融合教育的发展提供了最根本的保障。心灵的净化相当于心理和情感的健身训练，为学生提供净化心灵的环境会使其更平静、更专注，以及更好地跟别人建立联结；感受幸福是学校对学生提出的最终目标，为了能让他们在社会的大环境下感受幸福，首先要在资源教室的小环境下感受幸福。

近年来，学校随班就读工作的稳中求进，离不开资源教室的建设和资源共享。在未来，学校会更加完善资源教室中可利用的资源，扩充资源教师队伍，提升资源教师的专业知识与技能，使学校的随班就读工作能上一个新的台阶，进一步提升融合教育质量。

第二节 让"心灵港湾"成为孩子健康成长的驿站
——海淀区花园村第二小学资源教室环境建设介绍

一、资源教室基本情况

(一)学校概况

北京市海淀区花园村第二小学创建于1967年，1997年合并海淀区潘庄小学，形成一校两址办学格局，是一所典型的社区学校。南校区坐落在海淀区花园村社区，占地3900余平方米；北校区坐落在海淀区潘庄社区，占地4600余平方米。

学校是一所全日制公办小学，近年来学生数量在平稳浮动中稳步上升。目前全校共有40个教学班，1570名学生，生源结构多样且较均衡。随班就读学生也随之有小幅变化，至2016年度有2名随班就读学生顺利毕业后，目前还有4名随班就读学生在学校学习，分布在四、五年级，障碍类型分别为孤独症、智力障碍。

(二)教育理念

一直以来，学校以"万物并育 百花齐放"为核心价值观，以"多彩成长教育"为办学特色。多彩文化具有高雅的艺术情趣、浓厚的学习氛围、丰富的社会实践、科学的人文精神、和谐的家校关系、优良的学风校风，形成催人奋进的学校精神，关爱每一个人的个性特征与成长需求，促进学生全面发展。多彩文化旨在让每一个人的每一天都充满绚丽的色彩，让每一个人的每一天都充满阳光、充满自信。学校教师肩负着这样的教育使命，立足于帮助学生树立优秀的品德，养成良好的习惯；立足于建构学生喜欢的课程，帮助他们学会学习；立足于指导学生学会一种或多种方法，并有终生学习的想法，使他们无论在为人处世还是思维行动上都能逐日向成功迈进。

面向全体学生，为所有学生提供均等、有效的教育机会，促进学生全面发展，已经被社会上广大教师所接受。同时，越来越多的教师已经更加关注特殊教育需要学生的教育。这些学生虽有其特殊性，但他们的身体在自然生长，各种感觉器官在外界刺激下也在发展，高级神经活动有发展的可能性和可塑性，在儿童时期的发展过程中可以产生机能的重新组合或部分替代，损坏了的或发育不足的机能可得到部分矫正或恢复。因此，开展融合教育教学更加不可或缺。

（三）资源教室建设

学校始终关爱每一个学生的健康成长。学校早在1998年开设心理咨询室，2002年优先发展健康教育走进课堂，2003年提出"健康推动"校本课程理念，2005年编写《心理健康咨询百例》及《献给孩子们的礼物》校本课程读本，分为1-6年级6册，提供给师生阅读。在海淀区教委的大力支持下，学校借助校安工程建设于2010年申请到了资源教室建设经费，2012年投入30余万元，在学校建立了资源教室，为学生们提供了一个集康复训练、补偿训练于一体的场所，为学校开展随班就读工作奠定了必要的物质基础。新建成的资源教室重新规划了布局，区域划分更加清晰，与卫生室形成独立区域，与校展厅相邻，为特殊教育需要学生个性化学习提供了足够的学习空间、丰富的学习资源，以及康复训练的特殊基地。这里成为学生们喜欢的一处"心灵港湾"。

二、资源教室的区域划分

为特殊教育需要学生营造一个舒适的学习区域、愉悦的活动空间、安全的环境氛围,让每一个走进"心灵港湾"的学生找到适合自己发展的场所,成为学校划分资源教室区域的重要依据。为此,学校将 80 余平方米的资源教室划分为四个区域:学习辅导区、康复训练区、接待交流区、游戏观察区,为这些特殊教育需要学生提供学习、生活、游戏、训练的场所。

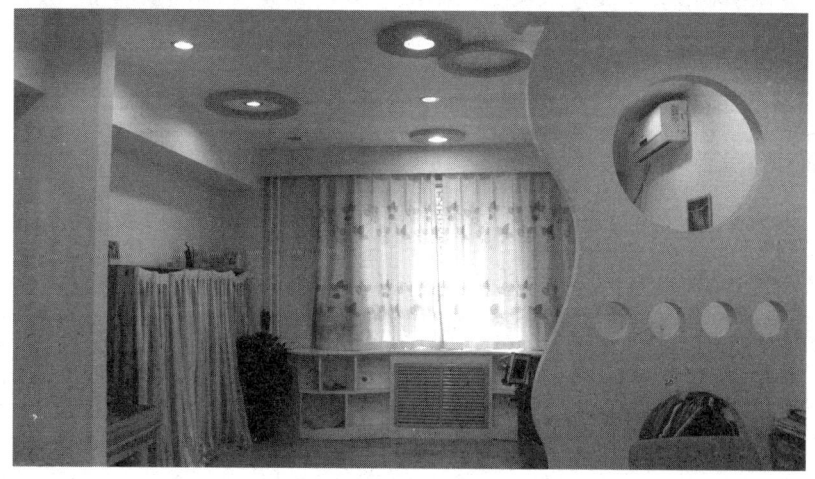

资源教室一角

（一）学习辅导区

主要用于对进入资源教室的学生开展辅导教学、补救教学、学习技能训练等，可以开展个别辅导与小组学习活动。

学习辅导区

（二）游戏观察区

用于观察学生的行为、动作、学习习惯、学习状态等，用于对学生的辅导教学、补救教学、学习技能训练、语言听力训练、学生作业、独立学习、小组合作学习等。

在学习辅导区和游戏观察区均配有大书架、书籍、玩具等学习用具和辅助教具，旨在为特殊教育需要学生进行学业辅导，通过创设生活情景及各种有趣的游戏活动，提高他们的社会适应能力、与人沟通的能力、批判性思考的能力等。

游戏观察区

(三)康复训练区

根据学生康复需要和设施情况开展生活技能训练、肢体训练、社会适应能力训练、感觉统合训练。具体而言,康复训练区配有各种康复设备,旨在为学校的特殊教育需要学生提供感觉统合等方面的康复训练,以提高他们的感觉统合能力和运动能力。该区域铺设的是木地板,还配备了软垫、瑜伽垫等。

康复训练区

(四)接待交流区

接待学校教师、学生家长、特殊教育需要学生等的来访,接受校长和上级领导的检查,负责研究工作和有关事宜的咨询等。

在康复训练区和接待交流区同时配备图书、资料、训练设备、器材等,为特殊教育需要学生提供学习辅导、心理诊断、教学支持、补偿教育、康复训练和教育评估六大功能,以满足具有显著差异学生的特殊教育需要。

接待交流区

三、资源教室设施设备

学校资源教室根据现有的四大功能区域,并结合资源教室应具有的课程与教材、教育诊断、教育学具和相应的技术资源与人力资源等,添置和选购必需的设施设备。

(一)专用设备齐全

专用设备主要包括康复器材、感统器材、测评工具、评估量表,以及助视、助听、助行、沟通、阅读、书写辅具等,为不同类型的学生提供必要的训练及辅助工具。

(二)常用设备细化

常用设备主要包括活动桌椅、书架书柜、视听设备、照相摄影设备等;相关资料包括专业图书、教师用书、各学科教材、低幼读物、常用音像资料等;还包括有关部门的相关法规、政策、标准等文件。

（三）网络系统畅通

资源教室办公区内配有电脑、打印机，可以连接互联网，为资源教师开展随班就读教学工作、查阅文献资料、接待咨询、教学资源的存储与整理等提供了保障。

所有设备及资料都是根据所开展的康复训练项目和学习活动需求来装备，量力而行，添置完善，因而实现了学习辅导、心理诊断、教学支持、补偿教育、康复训练、教育评估等六个功能；同时整合了资源教室与心理咨询室的功能，拓展了研究内容，既有面向全体的心理健康教育，又开展了"一对一"个性化"小课程""微教研"的研究，实现了个性化的课堂教学或学习过程的研究。

四、资源教室的环境建设特点

为了使资源教室真正成为学生的心灵港湾，让每一个走进这里的学生缓解压力、调节情绪、学习提升，学校结合不同的区域特点，创设典雅、温馨、舒适、安全而富有童趣的康复训练环境。

一是色调清新。资源教室内部精心设计的绿色喷绘、简约图案和精巧装饰，营造出大自然清新唯美的气息，并配以淡绿色窗帘和淡紫色纱帘自然分割四个区域。

二是布局合理。注意内部环境的半开放性和半隐蔽性，既有相对安静、色彩淡雅的精细动作训练区，使学生们感到安全温馨，又有像大自然一样的感统运动区，每当学生们进行大运动训练时，就会身临其境，有进入大森林的感觉，在快乐的游戏中实现了康复训练的目的。

三是资源整合。将资源教室与心理咨询室从管理和运作上加以有机整合，从而高效地整合学校的物质资源和人力资源，为所有在校学生、教师以及家长们提供优质的服务。具体而言，包括以下三个方面：

其一，资源教室的管理团队与心理咨询室是一体的。同样由学校校长挂帅，副校长为具体负责人，而资源教师和相关教师为资源教室建设的具体落实者。

其二，资源教室和心理咨询室的物质资源是互通的。图书、玩具、沙盘、录像机、照相机、摄影机、录音笔等重要的硬件设备可以按照需要为这两类机构所使用。

其三，资源教室和心理咨询室为学生提供的服务是相互补充、彼此促进的。通过团体指导或团体咨询的方式将普通学生和特殊教育需要学生聚在一起，为他们安排各式各样的学习活动或社会性游戏，从而让他们彼此了解，促进彼此间的沟通，并借助发展优势群体的力量促进弱势群体的进步。这样，特殊教育需要学生既可以在资源教室接受服务，也可以在心理咨询室接受服务，同时，这一服务举措也极大地提高了特殊教育需要学生在校融合的程度。

结 语

资源教室的出现，让我们再次解读教育。教育是一种心灵的唤醒，唤醒是生命与生命的交融，唤醒是心灵与心灵的沟通，教师们焕发出一种灿烂的光辉，唤醒每一个学生享受幸福的人生。

资源教室的价值，是融合教育的实施与体现。融合教育的内涵在于更加关注个体的学习或发展过程，更加关注学生的差异性。建设资源教室任重而道远，今后还有许多的困难需要去克服，但是学校愿意去迎接任何可能的挑战，促进融合教育的顺利开展。融合教育事业艰辛而曲折，但是它充满希望。学校将坚定信念，为特殊教育需要学生享有健康快乐的童年保驾护航，为特殊教育需要学生的未来撑起一片自由的天空，开辟一处安全舒适的心灵港湾。

第四章 资源教室的课程设置

　　资源教室课程建设是资源教室教学实施的保证，完善的课程体系有利于为特殊教育需要学生提供科学、连续的康复训练，从而在最大程度上促进特殊教育需要学生潜能发挥与个体功能的完善。资源教室的课程设置包括课程理念、课程体系、课程申请与课程效果等方面。资源教室课程理念引导着课程体系建设的方向；课程体系是资源教室课程的核心内容，具有系统性与可重复性；课程申请是由特殊教育需要学生的班主任及家长根据学生发展的特点，向资源教室提出课程的申请；课程效果是资源教师根据学生在资源教室的动态表现给予评估的结果。本章以中国农业大学附属中学和中国人民大学附属小学为范例，完整地呈现其资源教室课程建设的全貌。

第一节　专业化课程铸就学生成长
——中国农业大学附属中学资源教室课程设置概述

一、资源教室基本情况介绍

　　中国农业大学附属中学资源教室从 2010 年筹建、运作使用至今已有 8 年。三位专职资源教师于 2011 年通过海淀区首届资源教师上岗培训学习并取得资源教师证书。经过资源教室组全体教师的努力，学校 2012 年与 2013 年连续获得海淀区"优秀资源教室"荣誉称号。2013 年 4 月海淀区资源教室运作现场会在中国农业大学附属小学召开。2014年教委追加50万经费用于资源教室重新装修，资源教室于2015年2月再次正式投入使用，装修后的资源教室功能得以扩大，运作也更加正规、专业和高效。2016年学校被评为海淀区特殊教育先进集体，再次获得"海淀区示范资源教室"荣誉称号。

这些荣誉的背后离不开资源教师的专业工作。在他们的探索下，学校资源教室形成一套有效、精准的课程体系，为每一位随班就读学生提供优质的教育教学服务。在此过程中，资源教室课程体系的建立离不开课程理论的指导、学校相关人员的支持，以及资源教师的专业实践。截至目前，学校资源教室课程走过了四个阶段，建构了成熟的三类特殊教育需要学生训练课程体系，在此基础上，资源教室课程不断寻求创新与扩展。

二、资源教室课程设计

（一）资源教室课程设计的理论基础

资源教室训练课是促进学生心智化（mentalization）的过程。心智化标准定义为：一种想象层面的，关于别人和自己的心理活动的形式。也就是说我们以一种有意识的状态来感受和解释别人的行为，包括需要、愿望、情感、信念、目标、意愿、理由等。简而言之，我们每个人能从外部看自己，能从内部看别人，这个过程就是心智化。

（二）课程设计的专业人员

学校资源教室课程设计是在专业资源教师的带领下进行的。三位专职资源教师于2011年取得海淀区首批资源教师资格证书，参加了海淀区特殊教育研究与指导中心、北京市特殊教育中心举办的多项培训，如言语治疗、感觉统合训练、图片交互系统、孤独症干预策略、音乐治疗、戏剧治疗、情绪行为干预、应用行为分析师培训等。三位资源教师均取得国家二级心理咨询师资格十余年,在精神分析、认知行为治疗、行为治疗、美式催眠、埃里克森催眠、心理剧、沙盘游戏治疗、意向对话、OH(OH Cards)卡牌咨询中积极学习、参加督导,并积极提升专业技能。

结合学生的特点进行课程设置,在专家指导下不断修改课程,教师自身也在不断成长学习中,并将所学知识和技能运用到资源教室课程设计及执行上。学校三位专职资源教师利用优势技能,进行集体备课、说课,同辈督导,相互协作,携手共进。

资源教师是连接各种资源的人,这明确了资源教师的职责与功能,也使教师更加明白特殊教育需要学生不是单独在资源教室几节课中成长,而是在整个校园文化、班级文化中与学校、与教师、与同学共同成长的。所以资源教师不仅仅要设计课程,更要加强与学校方方面面的联系,只有资源教师事先想到、做到、帮助到、影响到,才能为特殊教育需要学生打开成功的门。

三、资源教室课程设计的背景和发展阶段

学校2010年始建资源教室,初中随班就读学生30人左右;到2015年,随班就读学生不足5人,在数量上变化幅度较大。在此过程中,资源教室课程从无到有、从建设课程到做成精品课程历经4个阶段。这4个阶段,也是资源教师不断成熟,专业素养不断提升的阶段。

(一)阶段一:心理课一课两上

2010年,初一有两名随班就读学生,其中一名学生中度孤独症并伴有重度智力障碍,不能很好地适应集体教学。学校采取的策略是两名随班就读学生和经过班主任协调、精心挑选的4位阳光伙伴在资源教室上小组课;其他同学在同一时间段上心理课。

在此阶段,教案相同,而教学对象、教师和上课地点不同。此种授课形

式师生比相对更高,教师也更能够关注到每位学生,随班就读学生情绪明显好转,但是针对随班就读学生的专业化教学干预并没有得到体现。

阶段一:心理课一课两上

(二)阶段二:阳光伙伴陪伴小组课

阳光伙伴陪伴小组是学校采用较多的一种资源教室课程模式。随班就读学生普遍社会交往较少,与同龄人接触方式不当,很多学生在干预前与同伴交往较少，不能有效融入校园生活。但是，资源教室的阳光伙伴在教师的引导下，学习与随班就读学生交往的经验，并泛化到其他教学情境或生活情境，为更多的普通学生做出示范。普通学生的主动交往会带动随班就读学生的热情，促进随班就读学生建立融洽的同伴关系。

阶段二：阳光伙伴陪伴小组课

在小组课程中，教师让同伴做示范，带动随班就读学生学习，促进随班就读学生认知能力、精细动作的发展，在互动中学习并提高其社会交往水平。

优点：为随班就读学生提供交往平台，通过伙伴示范、教师引领，增进其认知能力，为融入社区提供支持。有利于教师因材施教，根据学生的实际情况制定分层教学目标。教师可以耐心引导，及时表扬学生的进步，增强学习的积极性。教师在开展小组课程时，一定以随班就读学生为核心设计教学活动，找到其优势技能，增加随班就读学生的自信心。此外，教师也要关注阳光伙伴的需求，让其在资源教室中获得想要的资源，让陪伴更持久，更有效果。

(三)阶段三:随班就读学生小组课

资源教室的小组训练课程,主要针对肢体、精神、智力障碍的学生进行有针对性的训练。针对智力障碍程度较轻、不伴有其他发育迟缓症状的一类学生,强调课程资源优化组合,对同质智力障碍学生有针对性地辅导,以提升学生校园生活质量,增加其与人交往的技巧。

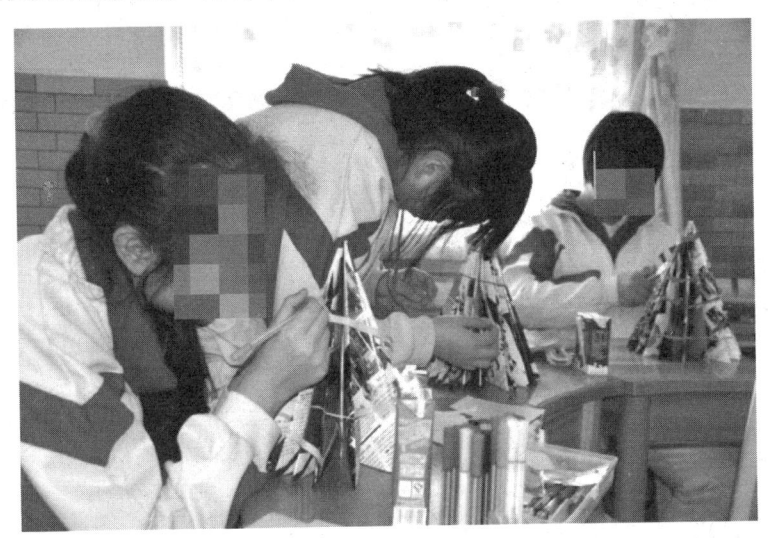

阶段三:随班就读学生小组课

随班就读学生分布在不同年级,可以采用"以大帮小"的策略——有过资源教室小组课经历的学生可以帮助带动新来的学生,起到示范引导作用;"雁阵精神"——有能力、有训练经历的随班就读学生担当起资源教室中"领头雁"的责任,承担阳光伙伴的陪伴作用,体会成长带来的成就。新一届的随班就读学生,努力配合资源教师与学长一起完成资源教室的训练课程,学会合作、学习调节情绪,并增加亲社会行为。

(四)阶段四:随班就读学生个训课

资源教室课程一个重要的任务就是帮助解决学生的问题与困难,帮助学生拥有优质校园生活,顺利过渡到更高学段。小组课程的好处是随时提供社会交往机会，但是阳光伙伴在课堂也有展示自己的需要，随班就读学生优势相对较低，需要资源教师提供更多的指导与照顾，帮助其减少问题行为。

阶段四：随班就读学生个训课

在与随班就读学生建立足够信任的关系后，教师针对随班就读学生最需要解决的问题开展一对一辅导课程。在普通中学，不建议资源教师在初始阶段就介入一对一个训，原因有三：第一，大部分学生具有很好的跟班能力，心思敏感或者家人敏感，不愿意独自前来资源教室接受培训；第二，在小组课程中，随班就读学生的很多特点容易暴露，阳光伙伴不仅仅帮教师反馈随班就读学生真实问题，更能够在课下帮助随班就读学生，形成同盟意识，促进随班就读学生快速融入自己所在班集体；第三，资源教师在小组训练课中可以发现学生亟需指导的问题，有针对性地上个训课，此时师生关系融洽和谐，教师训练起到事半功倍的效果。普通中学资源教室设置个训课十分必要，有利于针对性地解决随班就读学生的问题与困难。资源教师应不畏艰难，抓住时机，帮助学生解决问题。

四、三类障碍学生资源教室课程体系

（一）孤独症学生训练课程

资源教师在长期教学中逐步摸索出孤独症学生的小组训练课程计划，采用图 4-1 所示构架：资源教师用社会故事让孤独症学生建立学校行为规则；用生活照片故事培养孤独症学生语言能力；通过表达性艺术治疗、游戏治疗等活动调节孤独症学生的情绪；运用同侪陪伴策略为孤独症学生创造交往机会，增强社交能力；使用结构化课堂让孤独症学生清楚了解课堂的情景与任务。

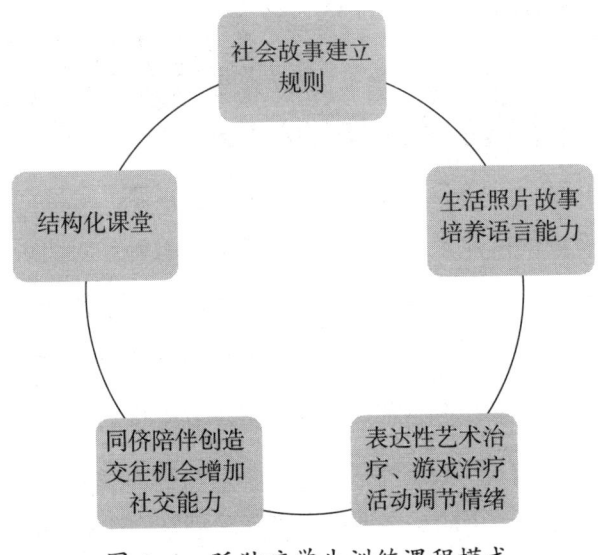

图 4-1 孤独症学生训练课程模式

1. 表达性艺术治疗

第一阶段，资源教师对孤独症学生的训练主要运用表达性艺术治疗的方法，使用涂鸦帮助学生缓解不良情绪，运用艺术媒介创造与同伴互动的真实情景。教师首先要与孤独症学生建立良好关系，让其熟悉资源教师、信任教师并熟悉资源教室。其次，资源教师要寻找接纳孤独症学生并理解其个性特点的同伴，与教师一起积极引导、陪伴孤独症学生，在语言表达及社会交往上提供积极示范,让孤独症学生真实参与互动。

孤独症学生涂鸦作品

2. 生活照片故事

第二阶段,资源教室训练课是以生活照片故事为主的结构化课程。资源教师运用"生活照片故事",运用孤独症学生的优势、兴趣与动机,如"旅行与运动"去强化孤独症学生的语言。某个案孤独症学生旅游经历丰富,曾游历国内大江南北及世界各地。起初教师一句句教她说,之后同伴教她表达,直到学生可以自己看着照片,用"WHERE WHO WHEN WHAT"来讲述一个有时间、地点、人物和行动的完整句子。第二阶段教学干预取得良好效果,学生主动对话增加,对名字反应速度加快,说话能够看着老师和同伴,在资源教室外的时间会主动寻求阳光伙伴的帮助,自己的"专有名词"使用频率下降。教师采用大量表达性艺术治疗的方法帮助孤独症学生调整情绪,强化语言。教师最常用的策略有"合作画",小组同学一起进行有主题或没有主题的绘画合作或者涂鸦合作,主要目的是为了帮助学生表达真实的自己并创设交往情景,增进学生言语交流的现实动机,进而对其进行言语训练和社交训练。

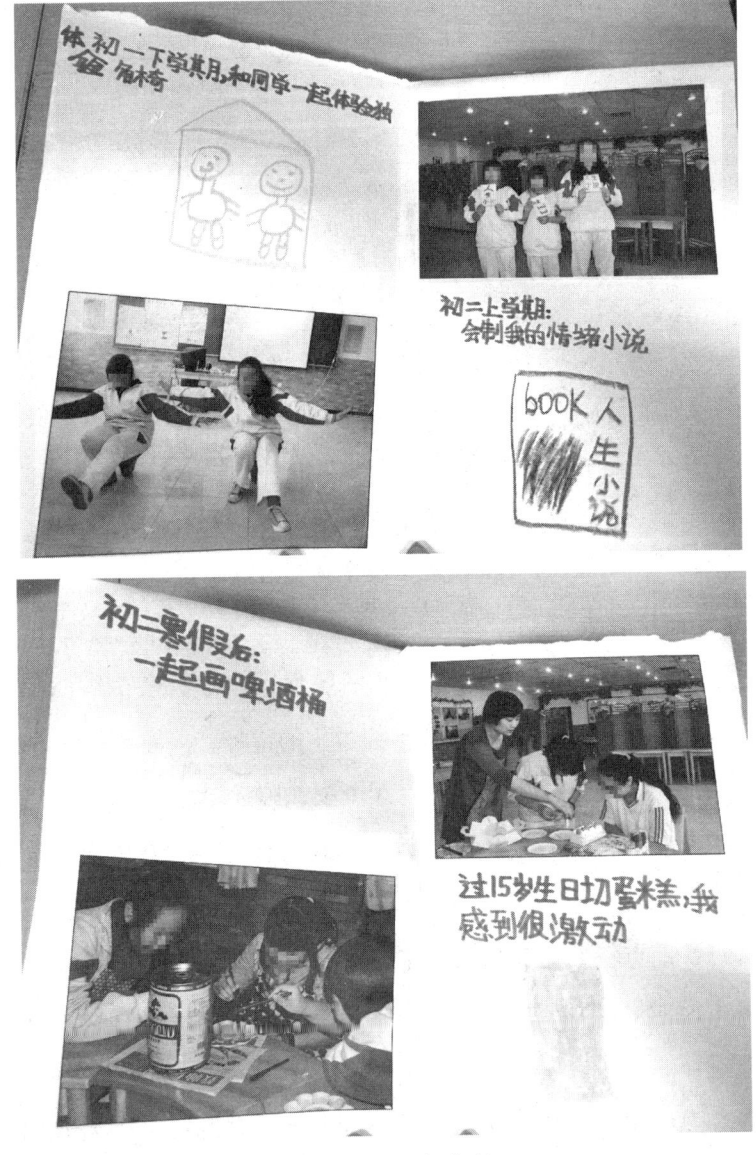

生活照片故事素材

3. 多形式语用训练

第三阶段,以亲社会行为为目标进行多种形式语用训练。多种形式包括使用社会故事建立规则系列,使用生活照片故事培养语言能力,开展美术创造活动调节情绪，运用同侪陪伴创造交往机会。多种情景是指在资源教室创设丰富多样的情景，例如生日会、美术作品展示会、圣诞节装饰、初次见面自我介绍与问候、与人告别、大富翁游戏、小品与课本剧的演出等。在认知训练中，首先，教师帮助孤独症学生区别情绪，区别阳光伙伴的喜怒哀乐，区别父母、教师及自己班级同学的情绪，区别教师提供的照片上的情绪，区别卡通人物的情绪等；其次，让孤独症学生学会表达情绪，在每次课程的交流中，资源教师帮助学生表达自己的情绪。

孤独症小组训练课取得了阶段性成果。2012年学校资源教室被评选为海淀区优秀资源教室，党琪老师的展示课《拼图乐趣多》获得专家认可。2013年学校被评选为北京市优秀资源教室，党琪老师的展示课《生活照片故事》获得好评；同年海淀区资源教室运作现场会在中国农业大学附属中学召开，党琪老师的展示课《时光雕塑》获得专家及同仁认可。2014年，北京师范大学承办的广东特殊教育学校校长高级培训班前往中国农业大学附属中学资源教室参观交流，观看并学习了党琪老师的资源教室个训录像课《西瓜的想象力之旅》；同年党琪老师的现场课《回信》获得专家好评。

资源教室展示课《生活照片故事》

（二）智力障碍学生训练课程

接受特殊教育服务的学生中，智力障碍学生是处境最为不利的群体，因为他们智力水平很难得到提高。但资源教师可以通过一系列的方法和手段提升他们的社会适应能力，使其能更好地和普通人交往，其中，情绪调节策略是提高智力障碍学生社会适应能力的重要切入点。为此，需要把握智力障碍学生情绪发展的特点，主要包括：(1)情绪不稳定，体验简单；(2)情绪体验强度与引起情绪体验的外部作用强度不一致；(3)情绪调控能力差；(4)高级情感产生较晚，发展水平低；(5)情绪具有病理性特点。此外，在智力障碍学生小组训练课中，建立良好师生关系，促进师生间的相互信任十分重要。资源教师通过小组课的交往训练，让智力障碍学生适应集体，求助他人，表达情感并结交朋友，遵守规则，适度表现。之后，再过渡到小组生涯训练，让学生对未来有期待并具有相应的生活技能，提升学生生命质量。智力障碍学生训练课的架构如图 4-2 所示。

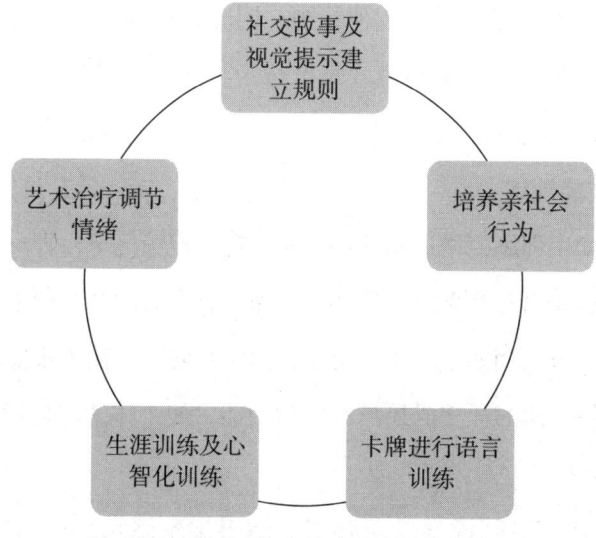

图 4-2　智力障碍学生训练课程模式

1. 生活技能训练

在智力障碍学生的个别训练课中，资源教师首先关注的是生活训练（使用日常生活反馈表，帮助学生建立基本日常生活行为能力，监控其刷牙、洗澡、洗头、洗脸的基本个人卫生行为）。资源教师还会对智力障碍学生进行书面沟通训练，提升其社会交往能力。在智力障碍学生的言语训练过程中，资源教师从进行社交训练逐步过渡到生涯及心智化训练；精细操作训练过程中，从乐高等桌面游戏过渡到艺术手工；大运动训练过程中，从体感游戏机、按摩椅过渡到动作训练平板支撑、核心运动等；情绪调节过程中，资源教师使用艺术治疗方式帮助智力障碍学生稳定情绪。

2. 社会故事

资源教师用社会故事建立规则，培养智力障碍学生的利他行为。资源教师使用视觉提示帮助提醒学生应用语言进行交流，并保持规则。资源教师运用同侪陪伴创造交往机会，给其阳光伙伴减压放松，保持普通学生参与热情，建立规则，并培养普通同学的利他行为，同时也有利于培养智力障碍学生的亲社会行为。亲社会行为包括遵守规范行为、互惠性行为和利他行为三个方面，为依次递进的关系。

3. 社会技能训练

智力障碍学生训练要增进其社会技能。在特定情境下，青少年能预测其社交结果，因而表现出有意义的特定社交行为。有意义的社交行为是指与个体行为表现相关的人员（例如：家长、老师、同伴和同学）认为重要且可接受的行为，这些行为使个体的社交成果具有生活功能，使个体适应环境。

4. 生涯课程

生涯课程让随班就读学生尤其智力障碍学生感觉到前途的可预见性和可超越性，为学生日后的自立自理做准备，从而提升智力障碍学生的生命质量。

5. 心智化训练

最后，促进学生心智化发展。在小组课中引入心智化学习方式，为了让学生互相理解，也让随班就读学生模仿普通学生的思路，并让自己思路表达更清晰。心智化理念背景下的资源教室课程包括社交训练、言语训练、沙盘游戏、OH卡牌训练、生涯课程、认知行为分析等方面。

智力障碍小组训练课取得阶段性成果。2015年海淀区资源教室扩建验收，党琪老师的现场课《智力障碍学生的社交训练——电影院购物》获得专家及同行好评。2016年海淀区资源教室开放日，海淀区资源教室、青龙桥学区领导和教师、内蒙古自治区特殊教育同行一同观摩党琪老师《智力障碍学生生涯辅导小组训练课》，该课程获得参会专家及其他省市同行的好评。

智力障碍学生生涯辅导小组训练课

(三)肢体障碍学生训练课程

肢体障碍是因肢体器官损伤或功能缺陷而导致的肢体活动困难。肢体障碍学生一般不伴随智力障碍,但是与同龄人相比有显著的外观差异。肢体障碍学生的训练在于提升其生活的信心及交往的动机,辅助以适当的大运动及精细运动训练。肢体障碍学生的资源教室课程体系如图 4-3 所示。

1. 运动训练

学校资源教师因为对大运动训练及医学康复不太熟悉,对肢体障碍学生的运动训练及康复较少研究,大运动训练及精细运动训练一般借鉴比较成熟的培智学校肢体运动课程,穿插在每节课中。例如,2 分钟跪走垫上运动、独脚椅练习,太极球练习、两手交握、温水中捞玻璃球等。全程运用应用行为分析理念与相关技术,分析随班就读学生行为的功能,对好的行为、期待行为及时强化,建立强化等级表,对不良行为采用消退技术。

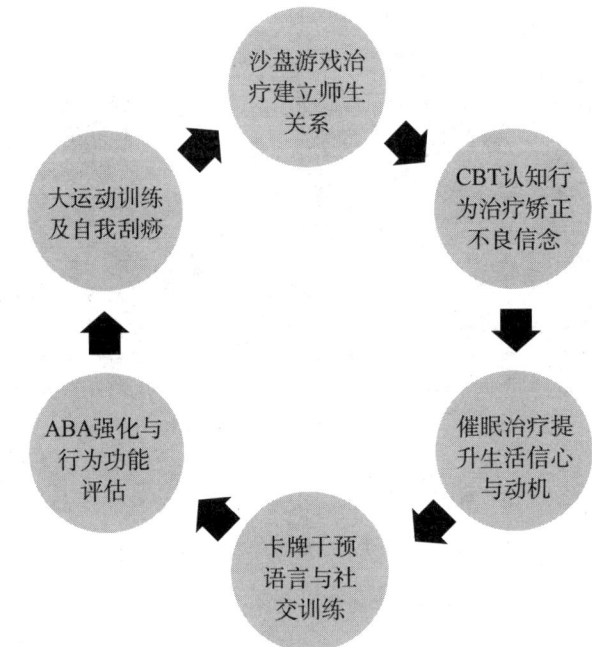

图 4-3 肢体障碍学生训练课程模式

肢体障碍学生运动训练

2. 认知行为治疗取向训练课

学校资源教室对于肢体障碍学生的核心信念矫正及增加动机有较完善的课程。每节课使用认知行为治疗中的三栏表记录学生的不合理信念，帮助肢体障碍学生进行矫正认知、调整心态，更加努力适应生活，在学习中发挥自己的才智。

表 4-1 思维改变记录表

姓　名：　　　　　　　　　　　　　记录时间：　　第　　周

情境（导致不悦情绪的真实事件）	自动思维 （情绪之前即刻的思考） 相信程度评分 0 ~ 100%	情绪及其强度 标明悲伤、愤怒、焦虑等 为其程度评分 0 ~ 100%

肢体障碍学生往往有着少时四处求医的经历，学生既定的信念是："我永远不会好的，我是不值得被爱的。"因此，资源教师需要在适当的时机帮助学生学习认知行为治疗的三角模型，即"认知—行为—情绪"三者导致的连接反应。资源教师需要让学生意识到，三角形的某一个角出现变化，其他的角会有相应改变。尤其是学生的行为或者认知改变一点，情绪立即出现改善，学生自我体验会相应变好，也更加愿意接受认知行为训练。资源教师同时使用 ABA 技术中的强化策略，帮助学生巩固良好的行为或者思维。

3. 沙盘游戏治疗

沙盘游戏治疗可以建立良好师生关系及生生关系。师生之间形成信任关系，学生之间建立伙伴互助关系。沙盘游戏又称作非表达性艺术治疗，适合肢体障碍学生将长期以来压抑的情绪在沙盘中宣泄。资源教师一般每月为肢体障碍学生安排一次沙盘游戏治疗。

沙盘游戏治疗在团体建立初期，可以帮助随班就读学生与资源教师迅速建立关系，教师通过观察学生之间的互动，更加了解学生行为模式，观察学生使用的沙具，了解学生的心理需求。沙盘游戏治疗也可以用在团体动力出现瓶颈的阶段。例如，学生出现不愿意来资源教室上课，来资源教室不愿意说话，或者对他人表现出攻击行为的时候，资源教师可以用沙盘来帮助学生内省、表达、体验或者诉说，待学生情绪平复后，再联合其他策略进行跟进干预。

肢体障碍学生接受沙盘辅导

4. 催眠治疗

催眠治疗增强学生动机。肢体障碍学生往往有较强的自卑感进而表现出过度自尊，用催眠治疗可以帮助学生在困境中看到资源与希望，提升学生的康复动机及生活信心。学校的肢体障碍学生训练方式是小组课，资源教师一般对学生进行集体催眠，帮助学生体察内在资源。如同埃里克森所说，每个生命都是灿烂的，治疗应该着眼于生活的适应而非错误的纠正。残疾学生的某些体貌特征不能改变，也不可纠正，但是却可以通过催眠治疗帮助学生意识到自己生命的精彩，进而提升生命的信心与活力，帮助学生提升生命的尊严。

5. 卡牌游戏

卡牌，包括 OH 卡牌、人像卡、克服卡、彩虹卡等，是投射类型的工具，有意义且细节模糊的卡牌可以帮助学生提升觉察力。肢体障碍学生的卡牌游戏训练主要用于沟通与社交技巧训练、表达训练、想象力训练，从而提升学生的口语表达能力、应变能力与想象力，帮助学生在团体动力中觉察自己，表达自己。

肢体障碍学生卡牌游戏

（四）资源教室课程的拓展和补充

1. 学校每年举办资源教室活动周

活动周的成功举办，离不开教师、同学以及相关部门共同的协作。三位资源教师兼心理教师在教务主管领导的亲自带领下周密策划、组织教师及学生、外请专家及邀请专业志愿者共同为学校七个年级的学生、家长和教师服务。这是一次多元主体广泛参与的盛会——集志愿服务、专业服务、室内外学生心理体验活动、年级主题展示、家长沙龙、教师沙龙、专题讲座于一体的教育教学服务体验。教师志愿者60余人，学生志愿者40余人，外请北京师范大学心理咨询研究生10余人，可谓参与者广泛、服务专业的大型心理活动。活动周创造了随班就读学生与普通学生在团队活动中交流、合作、游戏的机会与情景,增加随班就读学生的参与度,也让更多的普通学生接纳、了解随班就读学生。

资源教室活动周

2. 初一青春期健康教育课程

学校的初中校本课程《青春期健康教育》已经在初一年级开设 13 个年头。党琪老师的《青春期健康教育》课程灵活运用埃里克森式催眠技术、心理剧技术进行团体辅导与讲授,备受初中生喜爱,帮助学生学习青春期的身心变化,关注社会责任与自身价值感,让学生开阔视野,对前途及自身成长有更多信心。

授课教师既是资源教师又是心理教师,可以对初一学生总体进行观察,还可以在自然授课环境中观察随班就读学生真实的课堂表现。通过观察随班就读学生的特点,并与班主任和家长沟通协调后,三位资源教师便逐步确定资源教室对随班就读学生进行小组课或个训课的干预,进而制订个别化教学计划,并将资源教室训练目标逐渐泛化到普通班级教学中。

青春期健康教育活动

3. 融合教育宣导

初中家长会是推广融合教育的重要契机。每次初中家长会，资源教师都要进行知识说明与资源教室推广，并宣传学校的资源教室课程。此外，想要申请资源教室服务的家长可于家长会后，向班主任递交学生精神障碍、智力障碍诊断证明或医院诊断证明，从而申请资源教师对其子女进行资源教室课程训练。

结　语

学校资源教室课程从一课两上到透有心理味道的小组训练，再到资源教室课程体系的建设，经历几个不同的发展阶段，这一发展过程也是教师从普通任课教师到专业资源教师转变的过程。经过几年的课程建设，学校资源教室的孤独症、智力障碍、肢体障碍资源教室课程的设计与实施更加清晰。资源教室课程是随班就读学生提升生活技能及生命质量的重要途径，课程质量关乎成百上千家庭的幸福，因此，学校将始终推动资源教师专业发展，致力于铸造高品质的资源教室课程。

附录：资源教室训练课教学设计

资源教室训练课教学设计（一）

学生所在班级	初三（4）	训练教师	党琪	学生姓名	S	类别	智力障碍、孤独症
授课内容	应用生活照片故事 ——对父母寄语的回信			教材名称		自编	
学情分析	智力障碍　总智商 62　言语智商 56　操作智商 72 　　对于 S 的辅导，主要训练其语言，关注她初中想要与同伴交往的社会需要，想要博得老师喜爱和关注的需要，通过阳光伙伴的陪伴，应用结构化课程，针对学生喜爱旅游的特点和出游经历与个人特长，应用"生活照片故事法"提升动机并进行语言训练。教师主要与 S 建立良好的关系，让其熟悉资源教师、信任教师并熟悉资源教室。寻找接纳理解 S 特点个性的同伴，帮助教师一起积极训练 S，在语言表达及社会交往上为 S 积极示范，让 S 参与真实互动学习。 　　逐步摸索出对 S 的个别训练计划，采用如下架构：用社会故事建立规则系列，用生活照片故事培养语言能力，表达性艺术治疗和游戏治疗活动调节情绪，运用同侪陪伴创造交往机会，增加社交能力干预。 　　教学干预取得较好效果，S 表现较大的变化是共同关注增强，叫 S 的名字其反应较快，知道说话要看着老师和同伴，在资源教室外的时间会主动寻求阳光伙伴的帮助，自己的专有名词使用频率下降，尤其以前喜欢说"树袋熊吃蜂蜜"。可以仿说、仿写，参与学习的主动性与积极性提高，主动语言增多。但是对语言的应用，尤其就提问有针对性地回答上需要增强练习，S 很少做情感表达，也是初三下学期语言训练的重点。						
目标	1. 阅读父母寄语后可以做出恰当的口头回应。 2. 根据提示基本能有针对性地完成学案或者仿写。 3. 有感情并恰当地向父母表达感恩或朗读回信。 4. 学会一种向父母表达感恩与爱的方式。						
重点	根据学案与生活照片提示可以写出父母寄语的回信。						
难点	针对父母寄语所叙述的内容，有针对性地写回信，并表达自己对父母的感恩与祝愿。						
教具	生活照片故事集，毛绒玩具、学案						

续表

	教师活动	学生活动	设计意图
教学过程	一、导入 教师设置教学情境：观看学生生活照片，在2014521这个特别的日子，理解自己成长背后父母所作出的努力、付出、辛苦。 二、训练阶段 （一）作业反馈 1. 轮流朗读父母寄语。 2. 提问与交流。 听到自己父母寄语的感受是什么？ 听到别的同学父母寄语的感受是什么？ 3. 我想对父母说： （二）语言训练 1. 通过学案有针对地写父母寄语的回信。 _____的爸爸妈妈： 我想对您说——您是我今生遇到的最好的爱！ 看到您给我的初中寄语，我内心十分（表达自己心情的两个形容词） 回忆起（每天父母为你做的事情） 我感受到（表达真实感受的句子） 还记得（与父母之间开心的回忆） 我想说（对父母表达自己的快乐感受）	看，想 听 说 尝试回答 轮流，等待 自己看题，自己写，不会的老师启发，先仿写再自己有针对性地进行回答。 老师说一句让S重复一句，再连起来说，连起来写。 自己写，自己说，不对的老师再讲。 听同学示范，老师启发，说一句S重复一句，再连起来说，记住动笔写整句话。 学生问，老师启发，让其自己写，不对的老师反复讲并示范。	共同关注、激发动机 意在考察随读学生的注意力、理解力、动词的执行力、共同关注、模仿能力。希望在过程中有随读学生的主动性语言，并引发其参与动机。 由口头语言过渡到书面语言的表达。通过生活照片的视觉提示和结构化学案设计，让学生了解书信的格式与应用。更重要的是，有针对性并恰当回答结构化学案的问题，从口语到书面语的表达，增加其语用能力。从词到句了到段落到义章的仿写与自发性回答写作，增进其语言沟通与应用能力。

续表

	教师活动	学生活动	设计意图
教学过程	我知道您对我的殷切期望（父母经常说的希望你能够做到的） 我愿意（真实能够努力做到的事情） 我明白（我存在的不足或现实） 但您的爱让我 我说（我相信的事情） 我感谢（对父母的感恩） 在2014521爱你一世我爱你这个特别的日子， 我愿（对父母的祝福） 爸爸妈妈，谢谢您！我爱您！ 您的 日期 写于 2. 展示。学生轮流朗读学案，一人一句。 3. 情景模拟训练。 假设S生日当天，请父母欣赏自己的小作文，并有感情朗读。学习表达感激之情（鞠躬），表达对父母的爱（我爱你，拥抱，亲吻脸颊，提供毛绒玩具）。朗读期间注意看父母的眼睛。 （三）课堂反馈 1. 本节课自己做得好的地方。 2. 其他两位同学做得好的地方。 **三、拓展训练** 喝茶游戏（现场邀请一位教师）。	自己说，思路不对的老师讲。 轮流朗读回信的学案。 大声、清晰、正确朗读。理解模拟与假装。与母亲扮演者有眼神交流。执行动作。 口语表达，仿说，给同伴正反馈，接受同伴正强化。 参与，游戏，接受同伴帮助	 呈现训练成果，锻炼口语表达。 模拟社交训练。训练S对父母表达感恩与爱的语言及动作。动作表情训练。 巩固教学成果，正强化。 共同关注，记忆与表达。轮流，规则，竞争。社交与语言训练。

资源教室训练课教学设计（二）

学生所在班级	初一（2）	训练教师	党琪	学生姓名	ZY	类别	智力障碍
授课内容	社交训练——电影院购物			教材名称		自编	
训练理念	智力障碍　总智商　66　言语智商　72　操作智商　68 　　对于 ZY 的辅导，主要采用个别训练与小组训练结合的方式。 　　在小组训练中，增进亲近感，建立咨询关系，形成师生间的相互信任。言语方面进行社交训练，操作方面用乐高游戏、桌面游戏提升精细运动，用体感游戏机、按摩椅、平板支撑、核心运动等提高大运动能力。用社会故事培养规则意识。用视觉提示帮助学生提醒、应用语言进行交流，并保持规则。运用同侪陪伴创造交往机会，给其阳光伙伴减压放松，保持普通学生参与热情，建立规则，并培养普通同学的利他行为。 　　个别训练中，首先生活训练（日常生活反馈表，帮助学生建立基本日常生活行为能力，监控其刷牙、洗澡、洗头、洗脸的基本个人卫生行为）。交往训练，让学生适应集体、求助他人、表达情感并结交朋友。						
学情分析	本节课是第四次小组训练课，语言训练第二节课，针对学生不敢表达自己意愿所设计的课程之一。智力障碍儿童不懂合理表达自己的意愿，让家长、同学、老师满足自己的合理需要，所以往往用偏差行为换取正当需要。 　　ZY 为人顺从听话，没有明显的情绪行为问题。普通课堂上较为畏缩，上课无纪律问题。因其智力障碍是轻度，语言智能相对较强。在语言训练课程上主要训练其应对不同环境，提升其生活能力、人际交往能力，进而提升智力障碍儿童的生活质量。 　　自述性格孤僻，生活中没有朋友，教师访谈过程中自述不能主动购物与乘车，同学之间借物不还，不敢表达自己意见等。语言训练课的设计目标是帮助学生解决生活实际问题，提高人际交往能力，发展积极正向行为。						
目标	1. 学会向父母提出合理要求。 　　2. 明确购物的几个要素——单价、数量、规格、交换、购买。 　　3. 以伙伴的榜样示范作用，在资源教室进行观察学习，学习到购物策略，注意语言表达，敢于表达，注意语气与举止合理。 　　4. 敢于与陌生教师互动，此生不敢和陌生人说话、不敢坐公交车、不敢购物，通过资源教室训练课，提供适当、适度与他人交往的机会。 　　5. 用视觉提示卡训练学生的规则意识。全体学生用蓝色卡纸，ZY 用黄色卡纸提示。						

续表

重点	敢于表达自己的想法，向他人提出简单、合理要求（例如想看电影，如何表达）。		
难点	敢于在众多陌生教师、领导、专家面前表达自己的意见并参与活动，尤其是与陌生教师交流，完成换购任务，合理、得体应对陌生人。		
教具	学生学案、视觉提示卡片、钢铁侠手套、美国队长盾牌、四小袋爆米花、马克笔、单面胶纸。		
	教师活动	学生活动	设计意图
教学过程	一、导入 夸夸我：根据你平时对小组同学的观察，说出一件这周目标人物表现好的地方或者一件小事。 视觉提示。 二、训练阶段——帮帮他。 (一) 角色扮演——提出看电影请求。 小明是个初二的学生，性格比较内向，他特别喜欢看英雄主题的电影。近期上映的美国大片《复仇者联盟2》，他很想让爸爸或者妈妈陪自己去看。小明还有一个上五年级的妹妹小美，近期小学统测，家里为了让兄妹两个好好读书，近期娱乐活动较少。 小明，懂事的，想去看电影的。 妈妈，忙碌的，容易发脾气的，不容易说服的，但是有适当原因可以被说服的。 爸爸，善于沟通的，容易被说服的。 妹妹小美，活泼的，总想出去玩的，喜欢凑热闹的。	击鼓传熊给被夸者贴画 分角色扮演 注意观察ZY，鼓励适宜行为。用视觉提示卡纠正不适宜行为。 学生一人说一个。 轮流排队，说者好好表达，听者认真。	社交技能，轮流排队，友善待人，发起谈话。了解别人优点，在适当的时候给予赞美，当别人赞美的时候愉快接受。 社交礼仪方面：不说粗鲁无礼的话，对长辈用敬语。 肢体动作与场合适宜。 人际关系：区别他人不同表情。 与人合作，共同完成一件事。

续表

	教师活动	学生活动	设计意图
教学过程	（二）社交训练 1. 买电影票。 首先用图片帮助学生分清电影院的标识。问学生到电影院后买电影票需要考虑什么？ 电影票的单价、数量、场次、选择座位。 教师讲解后请学生选择场次与座位，分别说出自己的选择与喜好。 2. 买爆米花。 请学生应用购买要素，单价、数量、规格，与教师进行角色扮演。教师扮演不同类型的售货员（温和的与冷漠的）。 根据现场情况，请听课专家教师参与。 （三）拓展训练 （邀请听课教师参与） 买复仇者联盟的周边动漫产品。 1. 请学生在老师这里换卡片，一个贴画换一张卡片。 2. 请听课教师扮演售货人员，并自行定价。 3. 学生轮流换购自己喜欢的物品。 三、教师小结与活动结束 1、教师小结。 2. 喝茶游戏（现场邀请2位教师）。	应对不同类型的人，买到自己需要的商品。 四位同学根据自己的喜好，选择换购不同的周边产品。 认真参与，主动交往，遵守规则；快速反应	可以表达请求，在交流过程中清晰表达自己的意思。购物中要素，单价与数量，购买电影票的场次。 让学生体会交往中举止得体的重要性，明白语气在交往中的重要性。 智力障碍学生迁移能力较弱，对于生活技能及时强化，让学生在陌生教师面前强化所学。了解购买要素。 快速反应，减压。预示活动结束。

资源教室训练课教学设计（三）

学生所在班级	初三（5）	训练教师	党琪	学生姓名	ZY	类别	智力障碍
授课内容	社交训练——电影院购物			教材名称		自编	
学生特点、现状、学习情况							

学生特点、现状、学习情况：

zy智力障碍　总智商　66　言语智商　72　操作智商　68。

资源教室课进行到第三年。学生因为换班、阳光伙伴更换等问题而情绪不稳定，但是其运动能力、肢体协调性有很大提升，对运动能力较有自信。语言表达能力有进步，学生渴望融入新集体并被接纳，但是因为智力障碍的认知特点而较有困难。学生在班级中较能控制自己的情绪，能跟随大家一起上课。但是因为智力障碍少年的青春期问题而与异性交往的时候表现得不适度不适合。

对于ZY的辅导，主要采用个别训练与小组训练结合的方式。初三因为班级重组，原来的初二5班学生被平均分散到其他5个班级，zy被分配到原来的6班如今的5班，学生的阳光伙伴2名转学1名转班，zy分配到新的阳光伙伴，继续资源教室上小组课。

在小组训练中，建立良好师生关系，形成师生间的相互信任。言语方面从社交训练过渡到生涯及心智化训练；精细操作方面从用乐高等桌面游戏过渡到艺术手工；大运动方面从体感游戏机、按摩椅过渡到动作训练平板支撑、核心运动等；情绪方面用艺术治疗方式帮助稳定情绪。

用社会故事建立规则。用视觉提示帮助学生提醒、应用语言进行交流，并保持规则。运用同侪陪伴创造交往机会，给其阳光伙伴减压放松，保持普通学生参与热情，建立规则，并培养普通同学的利他行为。

个别训练中，首先进行生活训练（日常生活反馈表，帮助学生建立基本日常生活行为能力，监控其刷牙、洗澡、洗头、洗脸的基本个人卫生行为）过渡到交往训练，让学生适应集体、求助他人、表达情感并结交朋友，遵守规则，适度表现；再到生涯训练，让学生对未来有期待并有相应的生活技能，提升学生生命质量；书面沟通训练，从现实交往到网络交往能力，即从口语沟通到书面沟通。

续表

指导思想与理论依据
1. 针对随班就读学生个别化教育计划对其在资源教室进行有针对性的语言、动作、情绪行为训练。 2. 阳光伙伴小组课程：随班就读学生的融合教育，从阳光伙伴的陪伴开始，从同侪陪伴到融入集体的过程。 3. 小组辅导的动力特征：小组中的每个学生都是随班就读学生的资源，小组的组建、运作、成长、解决问题、结束让每个学生更了解自我、觉察他人，训练青春期普通学生的包容、利他，训练随班就读学生的融入、表达、控制，在小组成员的动力下共同进步。 4. 艺术治疗疏解、控制学生情绪的稳定性；生涯教育训练帮助学生适应未来环境；视觉提示与社会故事帮助建立规则；精细运动与大运动训练帮助学生适度运用肢体。 5. 生涯课程让随班就读学生尤其智力障碍学生感觉到前途的可预见性和可超越性，为学生日后的自立自理做准备，从而提升智力障碍学生的生命质量。 6. 促进学生心智化过程。心智化的标准定义：是一种想象层面的，关于别人和自己的心理活动的形式。也就是说我们以一种有意识的状态来感受和解释别人的行为，包括：需要、愿望、情感、信念、目标、意愿、理由等等。简单地说就是我们每个人能从外部看自己，能从内部看别人，这个过程就是心智化。在小组课中引入心智化学习方式，为了让学生互相理解，也让随班就读学生模仿普通学生的思路，并让自己思路表达更清晰。
教学背景分析
以生涯课程为切入，运用游戏、艺术、行为治疗手段，提升心智化能力，进而提升生活质量。本节课是第9次小组训练课，在生涯教育视角下，运用行为治疗方式训练学生更合理、清晰表达自己的意愿。通过系列的小组生涯课程：制定目标、行动计划、了解高中、我的假如、动物组建公司、自我激励、成就事件、名片设计等生涯活动来理清自己过去的资源、现在的行动力量、未来的目标。每节课的主题融入艺术活动与游戏，因为游戏是儿童的语言，故事是游戏的语言，而构建一个故事就是心智化的过程。 　　智力障碍儿童不会合理表达自己的意愿，通过心智化的训练让阳光伙伴理解ZY，让ZY模仿阳光伙伴的思路，共同进步。 　　ZY为人顺从听话，上课无纪律问题，没有明显的情绪行为问题，但是普通课堂上较为畏缩，反而在资源教室上课有时过分活跃，因其青春期与思维特点，合理控制情绪与遵守规则是每节课重复的要点。因其智力障碍是轻度，语言智能相对较强，语言训练课程主要训练其运用优势应对不同环境，提升其生活能力、人际交往能力，进而提升智力障碍儿童的生活质量。 　　自述从初一性格孤僻，生活中没有朋友，到初二、初三有同学一起陪伴，初三经常表露被人欺负和嫉妒他人的心理，渴望融入班级和随班就读小组。需要在资源教室课程中进行情绪稳定化与认知调节。生涯训练课的设计目标是帮助学生打开视野，提高人际交往能力，看到自己的进步与成长，发展积极正向行为，增加社会适应性。

续表

教学目标及教学重点、难点	
教学目标	清晰合理表达意见、观点。 用合适行为引起他人注意,能够参与到同龄人中的讨论,并表达自己的观点。 考虑他人感受,情绪稳定,并用适当语言、行为表达自己观点。
教学重点	了解目标的远近,实现目标需要计划、目标、行动,哪怕只做一点,坚持会有变化。
教学难点	敢于勾画自己的未来蓝图,看到未来的可能性。

教学资源
学生作品、照片、网络平台。

教学设计过程

教学阶段	教师活动	学生活动	设计意图	教学用具	时间分钟
1. 导入阶段	问好阶段	同学、老师问好简单介绍自己	人际交往的开场白,学生在不同场合合适地介绍自己		2
	热身:谁和我一样情绪的颜色	老师示范,学生跟随	语言训练 心智化训练		2 2
	循环提问:课堂照片赏析,循环问下一个同学一个问题。	观看资源教室训练课作品,练习提问与表达。	创造对话情景,社交训练、语言训练	PPT	4
2. 训练阶段	目标游戏 设置目标游戏,三个篮子,三个网球。近、中、远分别1、2、3分。看谁的分数最多,并分享感受。 篮子的远近代表? 投球的感受? 分享他人的过去、现在、未来的故事。	学生投球。 1. 篮子代表目标大小、远近,也可以分别代表现在、未来、过去。 2. 投球的感受与启发。 3. 说出别人的过去、现在、未来的故事。	1. 帮助学生建立目标感。 2. 即时分享,创设对话锻炼现场表达(培养自信与当众发言)。 3. 心智化过程,帮助学生表达自己、互相了解。	篮子 网球 起始点	8

续表

教学阶段	教师活动	学生活动	设计意图	教学用具	时间分钟
2. 训练阶段	未来圆盘 1. 老师带领学生进行放松、冥想。 2. 结合所学，思考自己未来的目标并记录。 3. 制作未来圆盘。	1. 学生放松，并慢慢进入状态，进行思考。 2. 想出未来的几个目标，简单记录。 3. 用代表心情颜色的笔完成圆盘，并用口头语言分享。	舒缓情绪 放松训练 冥想训练 视觉提示 清晰表达语言 简明书写目标与时间对应	练习纸 水彩笔 圆盘	8 3 6
3. 结束阶段	木头人的启示 我的心情颜色 我的资源——彩虹卡 拍照留念	变化一点点产生 说颜色、意义 应用一个比喻 感受资源与激励 互相拍照	增加力量 辨析自己的感觉，提高心智化、感受激励 锚定资源时刻	PPT 彩虹卡 照相机	5
4. 作业	发朋友圈	写完作业发，4人都发教师发红包	正强化	手机	课后

教学设计特点
1. 以随班就读学生优势项目语言为突破进行教学，创设对话环境，教学中综合运用行为、艺术、催眠等方法训练学生的语言。 2. 初三应用生涯教育为资源教室训练课的切入点，让智力障碍学生进行更好的生涯化的思考，打开视野，为日后的自立做准备。 3. 应用社交媒体，帮助学生掌握、运用网络平台中的互动，更好地融入信息化的班级生活与社会生活。

教学反思
1. 注意处理学生的情绪，针对其智力情况及心理年龄进行有效的干预。 2. 以生涯教育为切入点，进行学生语言训练，意在提升心智化与社会技能，为班级融合、社会融合做好准备。 3. 小组共同成长，尤其其中一位阳光伙伴在初一—二年资源教室课程（情绪行为）后有很大进步，初三被选来做阳光伙伴。每个人都有进步的空间与可能，只要干预得当。

第二节　个性化课程建设

——中国人民大学附属小学资源教室课程设置概述

中国人民大学附属小学建立于 1954 年，至今有 60 余年的历史，现在一校五址，在校学生 6000 余人。学校先后荣获了"全国德育管理先进学校""北京市特殊教育工作先进单位""北京市基础教育课程建设先进单位""北京市最具影响力的小学""北京市中小学校园环境示范校""北京市中小学艺术特色学校"、海淀区"中小学心理健康教育特色校""中小学心理健康教育示范校""办学理念最为深厚的学校"及"课程设置最适合学生发展的学校"等百余项荣誉。

"创造适合于儿童发展的教育环境"是学校 20 世纪 80 年代提出的办学思想[①]。人大附小于 2005 年 8 月迁入世纪城，积极遵循国家融合教育"零拒绝"原则[②]，陆续接纳多种类型的特殊教育需要学生，这对学校提出了新要求。学校将七彩教育理念化为行动，建立了资源教室，创造出适合于特殊教育需要学生发展的教育新环境。在人大附小，"七彩教育"是阳光，普照着每一个学生，也照进特殊教育需要学生的心灵，让他们与普通学生一起享受金色的童年。

2013 年 1 月，郑瑞芳校长组织百名骨干教师召开了"人大附小特殊教育专题研讨会"。会上，郑校长满怀激情地做了"用爱创造美丽教育，用情绽放七彩教育"的专题讲话，揭示出特殊教育的秘诀："一是走进孩子，用特殊孩子的眼光看世界；二是理解孩子，从孩子的角度去思考；三是取悦孩子，要帮助孩子，就要被孩子喜欢；四是取信孩子，喜欢只是一小步，只有信任了，孩子才会向你敞开心扉。用爱用情去善待每一个孩子，这就是人大附小做好融合教育的秘诀，是在座的骨干教师将来去引领全校教师去实现的内容[③]。"在郑校

---

① 郑瑞芳. 做一件幸福的事 [M]. 北京：中国人民大学出版社，2013.
② 北京市教育委员会，北京市特殊教育中心. 随班就读教师基础知识与技能 [M]. 北京：知识产权出版社，2013.
③ 郑瑞芳. 做一件幸福的事 [M]. 北京：中国人民大学出版社，2013.

长的带领下，全校师生共同关心特殊教育需要学生的成长，为学生创造了充满爱与信任的教育环境，再次为资源教室课程建设与实施打下了坚实基础。

满足特殊教育需要学生的能力和需求，为学生提供特殊教育和相关服务就是资源教室的第一要务，其中资源教室课程是关键。

一、资源教室课程设计的现实背景

（一）贯彻实施《未成年人保护法》和《义务教育法》

《中华人民共和国未成年人保护法》第三条明确指出，"未成年人享有受教育权，国家、社会、学校和家庭尊重和保障未成年人的受教育权。"《中华人民共和国义务教育法》颁布后，国家明确将残疾儿童少年的义务教育纳入了国民义务教育体系。关注特殊教育需要学生是社会文明进步的体现，满足所有学生的成长需求是义务教育的责任。由于随班就读已经成为残疾儿童、少年接受义务教育的重要途径，为了使有能力在普通学校就读的残疾学生都能够平等地接受义务教育，普通学校中的资源教室应运而生，其中，资源教室的课程建设是个性化教学的有效保障。

（二）践行人大附小七彩教育理念

七彩教育理念是中国人民大学附属小学资源教室课程开设的指导思想。学校五校区的正门都有一条彩虹，大家都称它为"彩虹门"，这也是学校七彩教育校园文化的一个标志。彩虹门里的每一个"附小人"都知道，学校的彩虹门有两层含义：一是大自然中的彩虹蕴含着人生深刻的含义——彩虹所呈现出的赤橙黄绿青蓝紫，寓示着人生的酸甜苦辣咸，让师生知道不经历风雨见不到彩虹，这就需要有坚定的信念。二是彩虹的颜色启迪了教师的育人理念——每一个学生都是彩虹中的一色，都是独一无二的，都是最重要的，每个人都能成就集体的美好。

"每一个"包括"特殊的"。有些学生不能正常地参与课堂教学活动，甚至常常影响教学秩序，课上随便走动，发出各种声音，不仅自己不能享受优质教育资源，也影响了同班学生的学习；课间不能与同学正常游戏，不是打哭了同学、撞倒了桌椅，就是无缘无故地跑到校园的某个角落躲起来，教师有时不得不借助校园监控录像寻找他们。虽然教师为他们投入的精力多于其他学生几倍，可是他们并没有因此而快乐。为此，学校聘请专家顾问，成立了特殊教育中心，针对在班级授课的大环境下怎样帮助有障碍或行为异常的学生平等享受学校教育开展专题研究。2008年，在校舍面积非常紧张的情况下，学校斥资100万建立了180平方米的资源教室。学校还组织资源教师研究资源教室课程，帮助学生解决成长中遇到的困难，个性化课程从此萌芽。

二、资源教室课程建设的支持系统

强有力的支持系统是资源教室课程建设的保障。资源教室课程开发与实施不仅需要资源教师的专业力量，更离不开校内外的广泛支持。从人员组成上来说，支持系统包含校内人员的支持和校外人员的支持两大部分。校内人员的支持来自于校长及其他管理者、资源教师、普通教师和学生；校外人员的支持主要来自于各级教育行政人员和专家学者、家长等。其中，各级教育行政人员提供的支持有制定政策、专业技术指导、为资源教师提供专业培训等；专家学者主要来自于医学、心理学和教育学领域，如：提供医学监测报告、干预建议；心理学、教育学专家为全体教师举办讲座，使学校融合教育氛围更加厚重浓郁；家长给孩子提供心理支持，保障孩子在校外的合法权益，并配合学校做好家庭辅导和训练工作。

在内部和外部双重保障的推动下，学校资源教室的个性化课程建设得到不断发展和完善。学校资源教室个性化校本课程建设的支持系统见下图4-4。

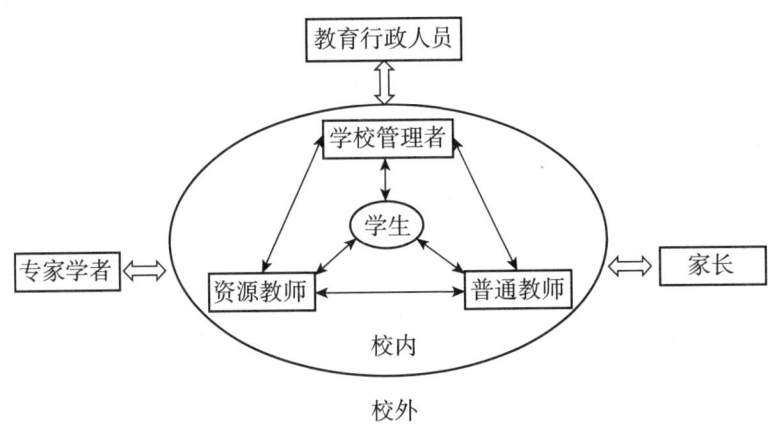

图 4-4 资源教室个性化校本课程建设支持系统

三、资源教室课程的理念

"尊重个性、关注差异、多元发展、人人绽放"的七彩教育理念强调了每一个学生的差异性、独特性。学校资源教室课程也命名为"个性化课程",希望特殊教育需要学生、家长和教师都以更为积极正向的态度看待融合教育。

(一)核心目标

学校的育人目标是:特殊学生正常发展,特长儿童特色发展,正常儿童超常发展,超常儿童特质发展,让每一个孩子都拥有金色童年。因此,资源教室课程也以此为核心目标。

(二)理论基础

科学有效的课程要结合校情学情,更要有坚实的理论基础。资源教室课程以七彩教育理念[1]、平衡疗法、感觉统合理论[2]、多元智能理论[3]、行为矫

---

[1] 郑瑞芳.做一件幸福的事[M].北京:中国人民大学出版社,2013.
[2] 王和平.特殊儿童的感觉统合训练[M].北京:北京大学出版社,2011.
[3] 爱德华,加德纳.智能的结构(第一版)[M].沈致隆,译.北京:中国人民大学出版社,2008.

正[①]、应用行为分析和三生教育理论[②]为基础，博采众长，使用多种方法更加科学地帮助和辅导学生。

（三）基本原则

1. 针对性原则

资源教室课程是个性化课程，需要针对学生的现实情况进行认知、肢体、学习技能、生活自理能力等方面的评估，并依据评估结果为学生设计授课计划、目标与内容。

2. 快乐性原则

学校的七彩课程理念是"让学习成为好玩的事情"。所以，在开发资源教室训练课程中，需要考虑课程的趣味性，更要注重学生心理健康发展，授课环境和授课内容都需要有童趣。授课环境上，斑斓的色彩刺激学生视觉发展，调动积极情绪；授课内容上，结合学生喜好和实际生活，将训练内容变成一个个精彩的童话故事、生活故事，潜移默化地让学生学习生活、社交技能，快乐地成长。

3. 发展性原则

依据人类个体动作发展序列规律[③]和PEABODY运动发育量表[④]，遵循学生动作发展规律，结合医学和教育评估结果，资源教室课程应优化学生内部环境，促进其身心健康发展。在设计训练内容时，教师也要依据学生发展规律和学生现有发展阶段，着眼于最近发展区，充分扶植学生，让学生稍微努力即可达成，从而调动学生积极性，发挥其潜能。

4. 提优补差原则

综合评估学生现状后，教师应发挥学生自身相对优势，在建立学生自信

[①] 伍新春，胡佩诚.行为矫正[M].北京：高等教育出版社，2005.

[②] 罗崇敏.三生教育论[M].北京：人民出版社，2013.

[③] 朱智贤.儿童心理学[M].北京：人民教育出版社，1980.

[④] M.朗达·福利奥，丽贝卡R.弗维尔.PEABDDY运动发育量表（上册）（第二版）[M].李明，黄真，主译.北京：北京大学医学出版社，2006.

的基础上，用其优势能力带动弱势技能，从而促进学生全面和均衡发展。

5. 康教结合原则

康教结合是康复和教育相结合。康复在资源教室有三个功能：一是筛查功能，确定学生特殊教育需要的性质，合理确定干预方向，避免需要医学康复的学生贻误时机；二是为个案提供康复训练；三是为学校制订个别化教育计划提供康复评估信息。

6. 家校合作原则

家长的陪伴是补充学生心理能量的重要途径，学生的进步有赖于家校的紧密合作。部分动作训练和行为习惯训练内容很简单，但需要每日训练、不断重复。因此，除了课堂训练外，学生的部分训练内容需要家长配合，让学生每日在家练习。

四、资源教室课程简介与申请

（一）资源教室课程简介

资源教室课程依据不同的分类标准，有不同的归类方式。按照显性和隐性课程来区分[1]：显性课程包含个性化训练课、个性化特色课和阳光讲堂；隐性课程包含个性化家长讲堂、个性化家长咨询、七彩感统乐园激励机制、日常行为矫正、班级学生成长袋、一年级感统操和校园主题文化活动等。按照学生需求进行分层教学：对于全体学生开设的课程是阳光讲堂；针对特殊教育需要学生开设的课程是个性化训练课和个性化特色课。资源教室课程在"七彩教育"的孕育下，除了传统意义上的学生训练课之外，学校还拓展了资源教室的功能——为新入学的每位学生建立心理档案，了解学生们的成长环境和感觉统合水平；邀请每一位班主任成为心理观察员并定期开展培训；定

---

[1] 王梅. 孤独症儿童课程与教学设计 [M]. 北京：北京大学出版社，2014.

期下发学生心理成长需求调查表,资源教师根据统计结果分年级开展心理健康教育课(阳光讲堂)。学校还开展了很多妙趣横生的主题文化活动,将资源教室的"新旧"功能加以统合。

(二)特殊教育需要学生的评估

阳光讲堂、感统操和学校主题文化活动是面对全体学生开展的,但除此之外的课程主要辅导对象是随班就读学生和有特殊教育需要但不符合随班就读认定条件的学生。学校随班就读学生的认定范围依据北京市教育委员会下发的"经教基〔2013〕1号"文件中所附《北京市残疾儿童少年随班就读工作管理办法》。在认定程序方面,对于入学时持有残疾证明的学生经区特教中心审核并备案,确定其接受教育的方式;对入学时未发现异常的学生,确认程序主要为"筛查→检测→鉴定→备案"[①]。对特殊教育需要学生,如有难以融入集体活动、极端情绪问题等表现,学校的确认程序一般为"筛查→检测→教育评估"。

资源教室课程形式和内容的选定要以科学有效的评估为基础。在参照学生医学检测结果的基础上,学校还进行了教育评估。在动作发展评估方面,主要进行感觉统合能力评估(参照艾尔斯(Ayres)《儿童感觉统合能力发展评定量表》)、动作能力发展评估(参照叶苍甫《全人疗育评估记录表》)和徒手肌肉评估。在心理健康评估方面,主要通过问卷和心理学仪器进行,心理学问卷共计40个,分为11个类别,包含心理行为综合评定、个性与气质评定、自我意识评定、情绪评定、生活事件与应对方式评定和人际交往评定等;心理学仪器共计14种,主要用于测量注意力、记忆力、协调性、稳定性等方面,也可作为训练器材,提高相应能力。为了评估干预的社会性效果和了解学生在班级中的表现,学校还设计了《行为异常学生阶段评估记录表》,学生初始状态

---

① 北京市教育委员会,北京市特殊教育中心.随班就读教师基础知识与技能[M].北京:知识产权出版社,2013.

由资源教师整理填写，班主任每月评估学生的进步情况。此外，资源教师还定期与家长和普通教师进行面谈，更全面地了解学生的实际情况。所有学生需要进行的评估项目在开课前、训练中的每个月底和课程结束后均会实施。

（三）资源教室课程申请

经过长时间的完善，学校建立了个别化教育服务流程。每名班主任均为心理观察员，在提出疑似特殊教育需要学生的基础上资源教师做进一步的教育评估，并与班主任及家长共同研究干预策略。经家长和班主任提出申请，必要时资源教师会给学生安排个性化课程。

个性化课程申报表

家长签字：_____　　　班主任签字：_____

学生姓名		班级		性别		出生日期	
家长姓名		电话：		班主任姓名		电话：	
学生特殊需求说明	学习方面	（包括学习能力、学习习惯、学习成绩等方面）					
	情绪行为方面						
	人际交往方面						
备注	有何病史？ 是否接受过医学诊断或心理测评？诊断或测评结果如何？						

填表日期：　　年　月　日

五、资源教室课程体系

依据先显性课程后隐性课程的顺序,课程分类中涉及的课程组织形式和主要内容如下。

(一)个性化训练课程

1. 课程实施者

个性化训练课程主要由资源教师负责,班主任、家长和任课教师共同合作完成。资源教师由具有应用心理学、运动康复学或特殊教育学专业背景的教师担任。

2. 教学组织形式

在教学组织上,随班就读学生的个性化训练课程采取部分时间抽离式,在专业的训练室上课,依据学生情况选定个别或小组训练,并辅以家庭训练。特殊教育需要学生采取课外辅导的方式,也可在训练室采取个别训练,但须有家长陪同。在教学形式上,依据学校的前期研究结果,教师主要采用情境游戏式训练,让学生畅游在欢乐奇妙的故事情境中,充满快乐和自信地体验。在以社交故事为情境时,不但能让学生积极训练,还能学习日常社交技能。

小鳄鱼历险记

1-1 鳄鱼宝宝出世

一、训练目标:

1. 肢体动作练习,训练本体感知觉;增强情绪稳定性。

2. 学会操作大陀螺、大滑板+滑车爬、青蛙蹬、独脚凳等器械,完成规定动作。

3. 认识到小鳄鱼是由鳄鱼蛋孵化而来。

4. 体验在动作练习中的成功喜悦。

二、训练内容及器械准备：

大陀螺、大滑板＋滑车爬、青蛙蹬、独脚凳、吹气球。

三、动作要领：

1. 大陀螺：口朝上放置于木质地板上。将身体臀部置于陀螺中心凹陷处，双腿盘起，双手在身体两侧抓住陀螺边缘，保持身体平衡。老师在外边帮助旋转。速度不宜过快，可以发生变化；旋转方向可以右回转与左回转交错。如果条件具备，还可以由学生移动身体重心，使陀螺旋转起来。回转可以中断，以观察学生的顺应性反应。

2. 青蛙蹬：俯卧在圆形滑车上，抬头挺胸，两臂背后，双腿用力蹬墙，使滑车载着身体向前滑。然后用双手撑地爬回原位，重复蹬墙，反复多次。

3. 大滑板＋滑车爬：将腹部放置于圆形滑车上，双脚及小腿向后抬起，垂直于地面，使身体平稳地置于滑车上；双手在身体左右两侧触地用力，使圆形滑车载着身体向前运动到大滑板高端。

将圆形滑车置于大滑板高端，将腹部置于圆形滑车上（同前）。双手尽量伸直，双臂向后尽量抬高，抬头挺胸，双腿用力蹬墙，使滑车载着身体滑下。动作熟练后，老师可以从左、右或前方，抛球给学生，学生的身体边向下冲边接球，或将球推向指定方向。

4. 独脚凳：坐在凳上，身体左右摇摆，也可以做伸臂和交替抬起左、右腿的动作，保持身体平衡。

5. 吹气球：学生将气球吹鼓（注意不要吹爆），然后抛向天空，等气放尽，反复做几次；也可以吹鼓后，拿在手中，将气放尽。

各项动作的规定次数可视学生情况适当调整,感觉累了,再坚持一会儿为宜。感到头晕或想吐,应立即停止,做深呼吸,可以很快得到缓解。

四、训练过程:

热身 2 分钟。

鳄鱼妈妈在草堆里生了一窝蛋宝宝。在温暖的环境中,蛋宝宝开始成长了。过了些时候,蛋宝宝长成了小鳄鱼。它们在坚硬的蛋壳里什么也看不见。小鳄鱼不停地转呀转呀,只有在蛋壳里转够一定的圈数,蛋壳才能出现一条缝隙。终于小鳄鱼看见一条微弱的光亮。它继续转,转得头都晕了,小缝变大了(大陀螺 10—20 圈)。小鳄鱼停了下来,它要想个办法,冲破蛋壳。

它用尽全身的力气,拼命蹬、蹬、蹬,蹬得腿都酸了,还是坚持用力蹬。它终于冲破了蛋壳,见到了明亮的世界(青蛙蹬 15 个)。小鳄鱼高兴极了。这是第一次看见这么美好的世界。它看见妈妈的背上背着哥哥姐姐们,在地面上玩呢!啊,好高的草堆呀!怎么办呀?只能滑下去(大滑板+滑车爬)!经过了好多个回合,才来到了地面。

它坐在一块石头上休息。伸伸胳膊,抬抬腿,左右摆动着身体,稳稳地坐着(独脚凳 4 分钟)。

它拿起一个气球,用力吹,吹得大大的,向空中抛去,把所有的疲劳、畏惧、孤独统统抛到九霄云外(吹气球 5 分钟)。小鳄鱼来到了妈妈的身边,好高兴啊!小鳄鱼的名字叫宝宝,我们一起对宝宝说:"宝宝再见!"

3. 课程内容

归纳历年来学生的训练需求,个性化训练课程的主要内容有:基础动作能力训练、感觉统合能力训练、注意力训练、记忆力训练、精细动作训练、社交技能训练、语言康复训练、沙盘辅导等。

4. 功能分区

依据不同的训练内容，学校资源教室进行了细致的划分，分别为"七彩欢乐谷"（基础动作和感觉统合能力训练室）、"七彩益智园"（认知能力、精细动作训练室和语言康复训练室）和"七彩心语轩"（沙盘游戏和心理谈话室），这些训练教室对全体学生开放，主要由随班就读学生使用。训练室的色彩和布局均来源于学生的喜好和想象，从环境建设上让学生喜欢上训练课，且五彩斑斓的颜色搭配也有助于感官发展。"七彩欢乐谷"中的空中长廊不但充满童趣，还能训练学生的感觉统合能力，长廊上绘制的长城也在潜移默化中鼓励学生学会坚强、努力向上。

七彩欢乐谷

七彩益智园　　　　　　　　　　七彩心语轩

(二)个性化特色课程

为开发特殊教育需要学生的相对优势,增强学生的自信心,学校开设了个性化特色课程。依据学生的兴趣爱好和相对优势,在征得家长和班主任同意后,由学校任课教师义务为他们开展个性化特色课程,资源教师全程辅助。有的学生喜欢绘画,有的热爱书法,美术和书法教师会利用课余时间提供辅导,使他们的绘画、书法天赋得以发掘与发展。

美术辅导

书法辅导

(三)阳光讲堂

"阳光讲堂",即心理健康教育课,由校长亲自命名,承载着全校教师对学生的美好祝福,愿每名学生都能经历风雨见彩虹,成为一个个充满朝气的阳光少年。阳光讲堂是面对全校学生开展的活动课,分别在低中高年级开设,每周一节,由资源教师负责,班主任、任课教师和家长积极合作。

心理健康课

学校每学年初均会请心理观察员填写登记表,资源教师整合信息后,一方面学校会邀请专家对全体教师开展培训,优化随班就读学生的教育环境;另一方面依据全体学生普遍存在的成长需要,在班级中开设阳光讲堂课程。例如,二年级学生在问卷中反映,迫切希望学习情绪控制与人际交往的技能。因此,资源教师结合国家指导纲要和学情校情给学生研发课程,让他们通过亲身体验的方式,学会怎样控制情绪,建立良好的伙伴关系(如:我是谁、情绪娃娃、海龟妙招、找朋友等)。面临毕业的六年级学生即将或已经进入青春期,需要开设青春期教育讲座;需要解决中、小衔接的各种问题。根据他们填写的调查问卷统计结果,学校组织毕业旅行,体验生活自理;走进中学校园,提前体验中学生的生活。在此基础上,资源教师负责上好青春期教育课("生命的律动""交往有分寸""做个受欢迎的人"等);时间管理("我的时间我做主""零散时间有大用途"等);学会学习("记忆有妙招"和"学习有策略"等);情绪调适("战胜挫折""认识压力""心灵马杀鸡""美好的祝福")等系列课程。

（四）各类隐性课程

1. 家长课程

对家长的心理辅导和专业支持虽不是直接面向特殊教育需要学生的课程，但家人是陪伴学生时间最长的群体，优化学生的家庭环境对于他们的成长具有重要意义。

个性化家长讲堂由专家学者或学校资源教师不定期开展，相关主题包括注意力缺陷多动障碍的诊断与干预、孤独症的相关表现和辅导策略等，帮助学生家长调整认知，令其正确看待和理解自己的孩子，从而更加专业地帮助孩子。

个性化家长咨询由资源教师开展，班主任和家长支持配合。班主任和家长共同提出申请并提前预约，资源教师会和班主任、家长三方合作开展个性化家长咨询，商讨辅助学生健康成长的策略和方法，帮助他们塑造积极行为。

家长心理辅导

2. 激励机制

每一位前来接受个性化训练课程的随班就读学生都会自动成为七彩感统乐园会员，都遵守七彩感统乐园激励机制。成为七彩会员后，资源教师会帮学生选择头像,张贴在七彩会员成长栏上,形象化地培养学生的自我意识,让他们明白自己是独立的个体,明白自己是谁,关注自己的表现,实现与环境的互动。

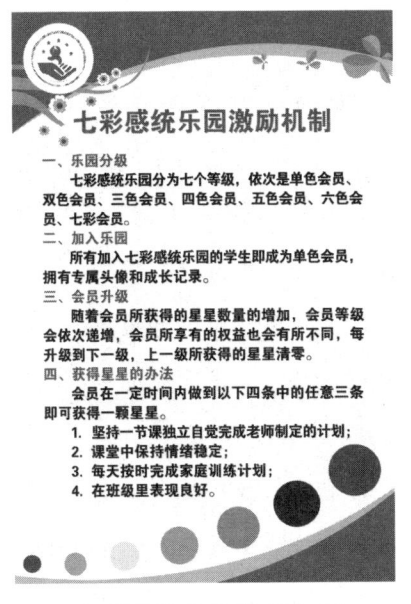

七彩感统乐园激励机制

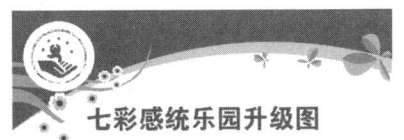

七彩感统乐园升级图

七彩会员成长历程

3. 行为矫正

资源教师为特殊教育需要学生制订个别化教育计划(IEP),其中不仅包含个性化训练课程和个性化特色课程,还会有很多行为矫正和性格培养的计划。资源教师运用行为主义原理和应用行为分析技术,采取正向策略导向,让学生在积极争取正向强化物的过程中,改变问题行为,培养适宜的替代行为。

4. 成长记录袋

_____学年度_____学期

学生班级形成性评价记录表

学生姓名		班级		性别		出生日期	
家长姓名		电话		班主任姓名		电话	
特殊成长需求表述（可以表述残疾类别、人际交往、情绪行为、学习情况等方面存在的困难。）							

学期目标		目标内容	目标达成情况或突出成绩
阶段目标内容及达成情况	月		
	月		
	月		
	月		
成长心语			学生签字：

填表说明："学期目标"将各月的目标内容复制在此栏内，也可以根据教师自己的教育计划填写。"目标内容"可根据学生现有状况，每月初制定1-2项目标内容，月末填写一次目标达成情况。"突出成绩"即点滴或突出进步，也可将学生的作品放入成长袋。"成长心语"由随班就读学生于学期末填写，也可以随班就读学生口述，老师或助学伙伴代笔。

分析历年来一年级新生入学后家长填写的学生心理档案，发现学校六岁儿童感觉统合水平相对较差。依据早预防、早干预的原则，体育教师为一年级学生编了感统操，每天组织一年级全体学生训练 20 分钟，有效地提升了感觉统合水平。

学校为每名特殊教育需要学生建立了学生成长袋，内部放置《学生班级形成性评价记录表》。班主任为学生设定每月和每学期的班级成长计划，并在月末和学期末与资源教师交流。班主任还可将学生的作品等放在成长袋内，更加生动地记录学生的成长轨迹。

5. 校园文化活动

让学习成为好玩儿的事，让学生天天盼着上学，是学校一直努力践行的理念，资源教室也开展了一些校园文化活动：为了培养学生勇于挑战、勇往直前的精神，每月都会举办附小吉尼斯大赛，资源教师带领由学生志愿者组成的"评审委员会"举行评审活动。为了使个性化教育资源利用最大化，七彩欢乐谷每天中午都面向二、三年级开放，邀请班级中表现突出的学生来这里游戏。学生心声，教师倾听，七彩心语轩每周在固定时间向全体学生开放，由心理学专业的资源教师陪着学生共同成长。除此之外，学校开展了更多欢乐无限的主题文化活动，特殊教育需要学生也乐在其中：为帮助一年级学生实现幼小衔接，自然地适应小学生活，开设了欢乐无穷的节日课程，如"玩具节""泡泡节""童话节"等。为培养学生的性别意识和社交礼仪，创办了"男孩儿节""女孩儿节"，锻炼男孩儿的坚强意志和女孩的优雅开朗。为培养学生的感恩之心、助人意识和理财能力，开设了"六一小妙会"和"收获节"。为了让学生们更加亲近自然，每年的第一场雪学校都会开展"雪人节"……

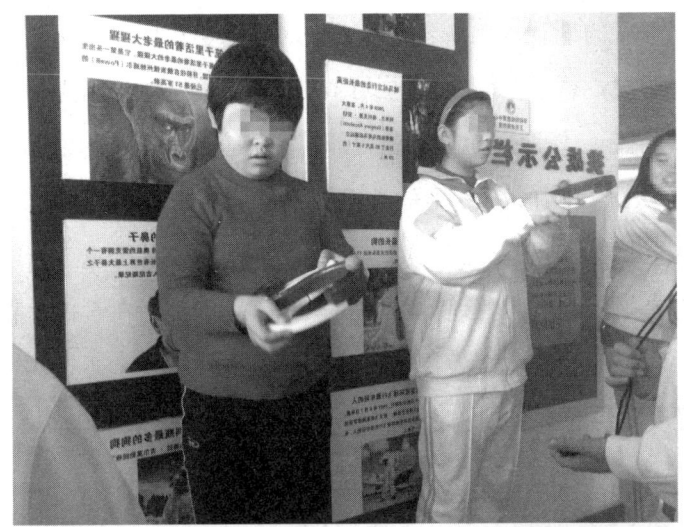

校园文化节

六、资源教室课程实施效果

资源教室成立近 10 年以来，积极践行学校理念，资源教室课程有效解决了学生在成长过程中遇到的烦恼。2008—2016 年，参与个性化课程的学生共 277 人，取得明显进步的有 191 人，占总人数的 69%。所有特殊教育需要学生都有不同程度的进步。有一名学生入学时不会听讲，不会交流，不会做游戏，也没有朋友，总是沉浸在自己的内心世界，被医院诊断为"交往因子退缩症"。在班主任、任课教师与资源教师共同配合下，学校为他开设了个性化课程。经过一段时间的训练，他的学习成绩越来越好，三年级两门功课免考，四年级成为全科免考生，升到五年级后，参加了学校的男童声合唱团，跟同学们一起走出国门到世界各地比赛，获得了团体金奖，在学校信息技术奥林匹克比赛中获得一等奖，作为特长生升入八一中学就读。还有一名甲醛中毒导致智力轻度障碍的学生，创造了附小七彩吉尼斯"地铁报站名"纪录。

结　语

中国人民大学附属小学被学生称为蓝天下最美丽的学校，将普通学校的融合教育工作推进到资源教室个性化校本课程开发的阶段。个性化校本课程的诞生，不仅仅是优质教育使然，更是孕育于视教育为幸福的志士仁人，以博爱之情和大爱无碍之勇，经过数十年积淀而成的七彩教育理念，"七彩教育"是对东、西方教育文化的扬弃，在全方位地分析、归纳了各类学生的成长需求的基础上，一切从学生的成长需要出发，持之以恒地为每一个学生创造适合的教育环境。

第五章 资源教室的教学实践

教学实践是落实资源教室核心功能的途径,包括多种形式。资源教室教学实践主要包括教学理念、教学形式、教学体系、教学流程、教学效果以及教学活动拓展等方面。教学理念为资源教室教学实践指明方向;教学形式是资源教师为特殊教育需要学生提供教育的具体方式;教学体系是教学实践的重点,与资源教室课程体系密切相关;教学流程是从资源教师为学生提供初始评估,到教学实施,以及最终评估的一系列过程;教学效果通过学生终期评价及过程性评价结果得以衡量;教学活动拓展实则也是对资源教室功能的拓展。本章以北京中法实验学校和海淀区永泰小学为范例,全面展现其资源教室教学实践的内容。

第一节 创新资源教室教学 促进特殊学生成功

——北京中法实验学校资源教室教学实践

一、资源教室建设基本情况

(一)资源教室功能分区

2006年,学校资源教室只有60平方米,分办公区、个体咨询区和团体活动区;2009年,扩充了心理测评区和阅览区。2010年3月,资源教室正式建成，包括办公区、个体咨询区、团体辅导区、活动区、阅览区等五个功能区域。2014年12月—2015年4月，资源教室重建，共120平方米，在原有的基础上增加了注意力训练、放松减压、潜能开发等功能区。

（二）资源教室的服务

学校提倡"多维成功教育"，为教师和学生的发展提供了各种平台，让大家在学校尽情展示自己的风采，获得更多的成功体验，在积极心理学的引领下相互传递正能量，乐观向上、尽职尽责、不断创新。资源教师借助心理学和特教知识，为学校特殊教育需要学生及家长、教师提供建议和帮助，根据特长设定服务范围，有的负责制订个别化教育计划和心理辅导，有的负责学生培训、教师沙龙，有的负责家长课堂，各尽其职。这些教师乐于奉献、任劳任怨，踏踏实实，保障融合教育工作的稳步推进。随班就读教师和学校培养的17位资源教师也努力关注特殊教育需要学生的特长与身心健康，在教育教学过程中倡导激励、尊重、接纳、和谐积极的校园文化。

二、学校资源教室教学活动的设计理念和背景

（一）学校资源教室教学活动的理念

学校资源教室理念与融合教育理念一脉相承，可用三个维度来呈现：在班级安置管理方面，一直坚持将"尊重、关爱"无痕地融入到班级管理安排的制定中，将关注发展无形地融入到教学活动规则的制定中；在课程设置方面，学校融合教育整体规划与实践本身就是一个大课程，分课内课程、课外课程，显性课程、隐性课程；在理念推行运作方面，鼓励学校全员参与。

（二）学校融合教育的实施系统

资源教室教学活动与学校整体的融合环境密切相关。十年来，学校融合教育一直坚持面向全体，重视积极、健康、自信、和谐的系统环境建设，关

注个体，尊重差异，制订扬长补短或扬长避短的发展计划。学校在实施融合教育过程中借鉴了台湾"WISER"生态系统合作辅导体制经验，即在系统工作中同时把握全校性、个别化、系统合作、效能评估以及资源整合五个原则，让学校辅导工作顺利开展，具体包括三个阶段，即初级辅导、二级介入性辅导和三级辅导。初级辅导需要全校人员参与，旨在建构一个安全、尊重多元和正向支持的友善校园环境；二级介入性辅导是当学生出现持续的适应困难，且超出普通教师的专业能力范围时，就要求资源教师介入，依据个别化需求制订辅导方案，提供个别咨询、小团体辅导、班级辅导等介入措施；三级辅导针对经介入性辅导仍无法有效协助，或遭遇严重特定议题（如严重适应困难、行为偏差、重大违规行为）的学生，提供评估转介机制，需要整合校外资源介入的跨专业资源参与辅导工作。

学校多年来坚持推动融合教育工作发展，重视积极、健康、自信、和谐的系统环境建设，关注个体，尊重差异，通过教学活动渗透、系统实施心理健康教育、创设多种活动平台、提供社会实践机会、开展专题教育、创设良好的校园文化氛围、建立良好师生关系、优化教师人格、推进家庭教育等方面推动学校融合教育的发展。经过多年的努力，学校探索出校本成功融合教育模式，如图5-1所示。

校长整体安排，教学副校长主抓融合教育工作，德育副校长主抓家长培训工作，教务处、教学处、总务处、教科研及学业指导中心分工合作，系统地整体地推行，课程设置与安排、活动设计与开展等常规工作有序进行。此外，学校还采取了一些具体的融合教育策略，包括：(1)班主任选拔、培训、考核；(2)楼层安排；(3)座位安排；(4)助学伙伴；(5)家庭环境测评、自评、心理适应测评等；(6)个别化教育训练计划；(7)课堂关注、补救教学；(8)家庭支持。

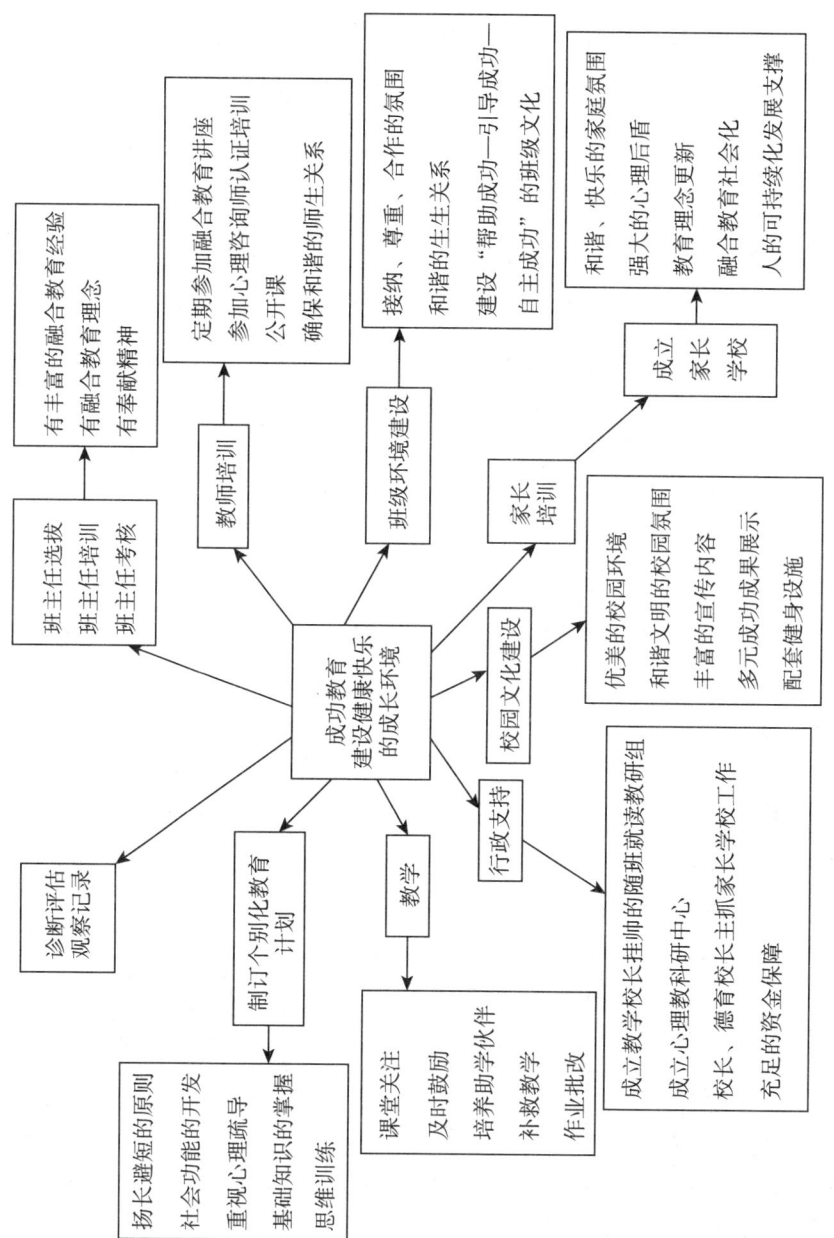

图 5-1 校本成功融合教育模式

三、学校资源教室教学体系

(一)心理品质培养

随班就读学生除了在班级和同学一起学习各科知识外,还享受学校为其量身定做的各种课程。心理品质培养的教学内容和其他内容一样经历了从无到有、从有到精再到常规化,从无序到有序再到系统化,从小范围到大范围、影响力不断扩大、从小切入点到大辐射面,再到化抽象概括为具体可行、从小班课程到大型讲座相结合的一个过程。教学内容经过学生及教师反馈满意后保留,保留后再进行梳理排序,然后经过学生和教师反馈后进行再筛选保留。心理品质培养的教学内容体现在心理选修课、绘本课、心理电影课以及故事分享课等方面,如表5-1和表5-2所示。

表5-1 心理品质培养教学内容

适应新生活			
我认识的同学	我眼中的新校园	我眼中的新老师	我的梦想
人际关系			
请你给我三个词(积极肯定)	手掌面	请你让我来帮助你	沟通与合作
情绪调节			
情绪ABC	做情绪的主人	放松训练	青春情绪
自信的力量			
我的角色	做自己的朋友	成为自己的美丽偶像	培养好气质
青春期			
青春期:成长的季节	中学生早恋行为	中学生的身心发展	学会设计
学习指导			
中学生学习心理	中学生考试焦虑	让学习有计划	记忆力的提升

表 5-2 绘本课、心理电影与故事集锦具体内容

绘本课程	《你真好》《石头汤》《你很特别》《人生十字架》 《爱心树》《驴小弟变石头》《我有感觉》《不是我的错》《大脚丫跳芭蕾》 《再见了，艾玛奶奶》《独一无二》 《活了100次的猫》《我不是完美小孩》《勇敢做自己》 《永远永远爱你》《一片树叶落下来》
心理电影课程	《小孩不笨Ⅰ》《小孩不笨Ⅱ》《放牛班的春天》(志业) 《肖申克的救赎》(信仰的力量)《阿甘正传》《外婆的家》 《狙击电话亭》《地球上的星星》《想飞的钢琴少年》 《爱的传递》《跑吧，孩子》《借我一生》《飞翔》 母爱微电影《妈妈》《面对巨人》《入殓师》(生命教育) 《遗愿清单》(临终关怀)《美丽心灵》(生命健康) 《舞动人生》(生涯探索和抉择)《相约星期二》(时间管理) 《当幸福来敲门》(生存的积极习惯)《冰雪奇缘》(成为自己)
故事集锦	《母亲和儿子的震撼故事：那是什么?》《钉子的故事》 《梦想使者金寿映》《生命中那些偶然的事儿》 《神奇的鹅卵石》《寿司之神小野二郎》 《生态养殖人安金磊》《心软能救世界——胡文传》

（二）贴近生活的课外辅导活动

课外辅导活动注重生活与学习的结合，以正向与科学为引导目标，在教师自愿准备、学生自愿选择的基础上得以开设，这些活动将学科知识学习与生活具体实践密切结合。例如，开设写作课，让学生写下自己的心声；运用生物知识让学生了解奇妙的世界等，具体如表 5-3 所示。

表 5-3　课外辅导活动内容

（数学）生活中的数学	（化学）生活中的化学知识
（语文）用诗装点生活	（历史）认识历史人物
（英语）大胆说英语	（地理）东西南北中
（生活）生活常识面对面	（社会）形象塑造与人际关系
（生命）成长的力量	（生物）奇妙的世界
（思维）拓展思维——音乐的妙用	（安全）用电、防火安全知识
（手工）留住秋天——树叶标本	（健康）常见疾病及应对方法
（物理）生活中的物理知识	（阅读）绘本阅读
（心理剧）布偶剧	（写作）书写心声
（交往）社会性发展情境模拟	（法律）守法与维权

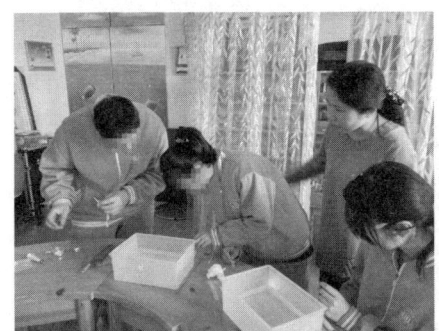 

对学生进行课外辅导

（三）积极的校园文化建设活动

2015 年，学校开办了学子讲坛和教师论坛，每周三、周五中午都邀请学生和教师围绕着学校成功教育办学理念的核心话题在校园墨池进行演讲，推进成功教育理念的渗透，使学生和教师发出积极的声音，从想表达、自信表达最终达到能够清晰表达。在"自信成长，梦想起航"活动中有一个随班就读学生告诉资源教师，说她很想当一名演员，学校尽力帮她圆梦，出资为她报了表演辅导班，而后她组织了一个表演小社团，学校还专门请音乐剧教师来帮忙排练了音乐剧《苹果要远行》。他们从表演零基础到现在自信的表演，完成了自己人生中一次意想不到的尝试和飞跃。

随班就读学生表演音乐剧

（四）教师、家长、学生三角支架同步发展

为促进教师、家长、学生保持同步发展，学校还专门开设了丰富的讲座、培训课程及活动。例如，为教师开设"没有霸凌的教室""关注特殊教育需要学生"等方面的课程；家长课堂包括"让孩子在体验成功中健康成长""赞美与鼓励""家长课堂优秀学员交流会"等方面的活动。此外，学校还非常关注家长委员会的作用，家委会的成立与运作，为学校积极心理品质培养注入了强大的力量，使课题内容开展的平台变得更高、更宽了。"家长委员会——年级家长委员会——班级家长委员会""家长宣讲团""亲子演讲团""亲子活动"等也陆续开展，开启了"融合多方声音，促进各方成长"的互动发展之门，为学生献上了最真实感人的生命故事，坦诚地表达出了家长们的心声。家委会成员们更加理解了多元平台的搭建、持续的激励和丰富的展示空间对学生的重要影响。

（五）职业生涯规划培训

"关注特殊教育需要学生"的教师培训和家长讲堂

学校之前在创设了接纳、关爱、尊重、体验成功环境的同时，忽略了一个问题——"学校毕业的学生日后怎样保持一种可持续发展的成功状态？"随班就读学生由于自身状况的局限，在很多方面都会受到限制，难免在离校后会经受很多挫败和打击，例如大部分学生不能升入更高层次的学府接受教育，日后就业范围会受到限制，只靠自食其力难上加难。因此，学校开始初步探索实施随班就读学生职业生涯规划培训，力图帮助学生保持"成功状态"，帮助学生具备自信心、感悟力、专注力、执行力、责任感等综合素质。这些能力让学生更加明白即使平凡但并不普通，即使遭遇打击也不轻言放弃，即使生活平淡也不忘感恩生命和他人，即使离开学校也能在人生道路上不断学习、不断提高自己；这种意识状态的形成和保持就是一种可持续发展的状态。于是学校开始重点在学业指导和人生规划方面进行初步探索，这种指导和规划不能只是形式上的一些活动和徒有其表的名目，是要探寻如何帮助学生形成系统的综合素质，如何分阶段、分步骤的规划设计，如何令全员配合、推行无障碍的理念和行动，如何实施不同形式活动和体验积淀的合力。学校还尝试与接受残疾人就业的公司建立联系，帮助随班就读学生规划就业前景，提前掌握一些就业技能，争取能够达到与社会工作的无缝衔接。

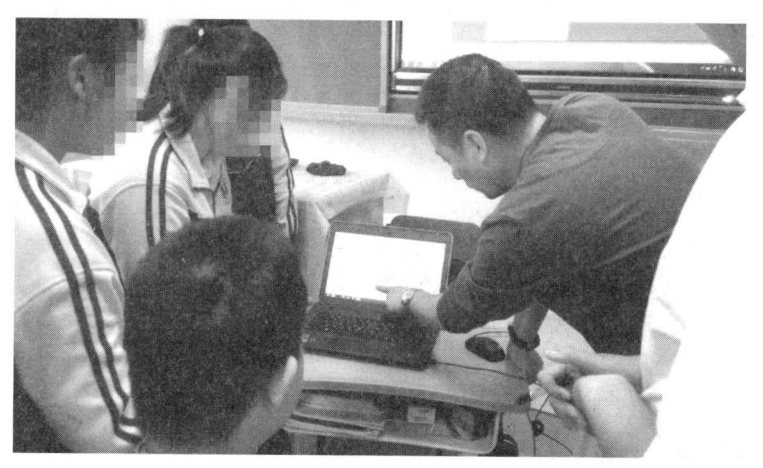

对随班就读学生开展职业生涯规划培训

结　语

学校始终秉持"多维成功教育"的理念，在"WISER"生态系统合作辅导融合教育模式下，学校资源教室的教学进行了诸多的创新。在资源教室教学过程中，注重培养特殊教育需要学生积极心理品质，对学生实施与生活相贴近的辅导课程，推动学校文化建设活动开展，还形成长期的阅读推动活动，注重学生、教师与家长的同步发展，尤其关注到为促进特殊教育需要学生持久的成功而开展职业生涯规划的培训。总之，学校在资源教室教学的多年实践中，以特殊教育需要学生为中心，坚信所有的努力将为他们插上坚硬的翅膀，任他们在更加广阔的天空中飞翔！

第二节 爱在融合 力行教学
——海淀区永泰小学资源教室教学实践

一、资源教室的总体介绍

2011年11月,永泰小学着手创建资源教室,并于2012年2月完成设备配置准备工作。由于4月学校接到教学办公楼抗震加固改造的通知,到2012年底学校的资源教室才初步建成并着手室内装修。2013年3月,资源教室建成并尝试运作。学校成立了以校长为组长,教学、德育、行政副校长为副组长的随班就读教研组,抽调负责学校心理工作的教师做兼职资源教师。自此,命名为"阳光少年之家"的两所分校的两个资源教室开始正式运作。2014年4月,校长牵头成立了"永泰小学个别教育指导中心"。至今,四个春秋已走过,学校获得了"海淀区资源教室示范校""海淀区特殊教育先进集体"等荣誉称号,还收到随班就读学生家长赠送的锦旗。同时,学校每年还承办外省市资源教师考察学习、区资源教室运作与管理教研等现场会;也多次在市区乃至全国的融合教育大会上介绍相关经验。目前,学校资源教室在运作与管理,尤其是教学实践上已由实践期逐渐过渡到了发展和成熟期。

二、资源教室教学活动的设计理念和背景

资源教室科学的运作与管理,重中之重要体现在如何更好地为特殊教育需要学生提供教育服务。其中,教学实践活动的科学和有效性设计,则是关系到学生可持续性发展的最主要内容。

(一)学校障碍学生类型发展现状

目前,学校特殊教育需要学生类型主要涉及孤独症谱系障碍、智力障碍、脑瘫、情绪行为障碍、注意力缺陷多动障碍、矮小症、学习障碍等。其中,孤独症人数已高达5人,且呈逐年上升趋势,这类障碍学生最

典型的社交障碍和由狭隘的刻板行为引起的行为问题，是影响班级发展、同学正常学习的主要因素。另外，情绪行为障碍、注意力缺陷多动障碍则是困扰班级教师和学生正常授课、学习的重要内因。再次，学习障碍是制约 5%-8% 学生身心健康、人格和个性可持续发展的主要动因，此类障碍学生占学校学生总人数的 5%，他们的可持续发展，关系到个人身心健康、家庭和谐和班级融合。因此，资源教室依据上述学生个性发展特点和家长递交的申请，科学有效设计教学实践课程，是促进特殊教育需要学生发展的唯一有效教育途径，也是当前融合教育发展的必经之路。

（二）资源教室教学活动理念

1. **可持续发展**

具有社会属性的人，同一代人中一部分人的发展，都不应当损害另一部分人的利益（十六大可持续发展的建设目标之一）。有些障碍类型程度严重的学生，当其个人行为问题的出现影响了班级其他学生的共同发展时，适当进行抽离式教学可以确保双方都能在固定的时间和空间得到共同发展。抽离式教学的目的是为了让重度障碍学生最终能够重新在班级中得以完全融合。

2. **融合教育**

融合教育要求特别设计环境和教学方法，以适应不同特质学生的学习。针对学生不同的特质设定不同的学习目标，以小组合作学习的形式达到完全包容的目的，最终将学生融合于教育、物理环境及社会生活中，快乐地学习和发展。

3. **可持续 + 融合**

学校教育的目标是促进每位学生的发展，这也是学生接受教育的权利和教师履行教育的义务共同参照的目标。为了"一切学生"，为了"学生的一切"，"办好家门口的优质学校"是学校每位教师终生奋斗的目标。特殊教育需要学生更是教育服务的重点对象。因此，在融合教育和可持续发展理念下，只要班级中有特殊教育需要学生，学校教师就必须提供符合其需要的教学，尽力做到以下方面：

（1）普通教师与资源教师要彼此合作，共同教育学生；

（2）教师应专注学生的能力，而非学生的障碍；

（3）校长在融合教育中所扮演的角色是领导者和支持者；

（4）融合教育需要时间和精力，更需要时常开会沟通和协调；

（5）鼓励家长参与，家校合作无间，创造出全面皆赢的成果；

（6）要注重合作学习、主题教学、同学支持；

（7）善用计算机科技教学。

（三）教学活动依托的理论基础

所有学生行为问题发生的频率、强度和可持续时间都是可以测量的，且行为问题的产生与后效强化有关，符合经典行为操作理论。另外，行为发生前的环境刺激，也是诱发行为产生的直接因素。再次，后事刺激也决定了行为问题的增加或减少，即下次行为问题产生的直接动力，这便是 ABA 行为分析理论。它不仅可以应用于行为问题的介入与干预，还对培养良好的学习习惯、自我管理、行为塑造、团队建设、提升学习技能等有科学的实证与指导效果。

三、资源教室教学活动形式

（一）抽离式教学

有些随班就读学生（尤其孤独症学生），他们因为缺乏相应的技能，造成了许多行为问题的发生，这些行为问题，严重时能危及学生自身的生命安全。比如，中重度孤独症学生，低年级时对于不同液体的辨识力不足，不能与食物相区别，常发生乱喝的行为问题。如果教师不能及时发现，或学生不能尽早掌握辨别常见食物的技能，很有可能发生意外。再比如，他们存在严重的社交障碍和言语沟通障碍，常会因无法和环境达成有效沟通，产生一系列的攻击行为，严重者出现自伤行为，还会给同班同学带来意外伤害。这不但制约了同学的可持续发展，也给班主任、教师造成长期的精神压力，影响正常教学。这些行为问题的发生，其实原非学生本身意愿，而是因为缺乏相应技能所致。

故此，有严重行为问题的学生，必须经观察、测量、评估确定后，经与家长、班主任协商，单独抽离出来，进入资源教室，由资源教师一对一对其相应技能施行补救。这种授课方式，不仅确保了班级学生课堂学习的有效性，更使这些孤独症学生在专业技能上得到补偿和学习，为他们中高年级更好地在班级融合做准备。

目前，学校抽离式个案辅导课程分别开设了感觉统合训练课、音韵音律歌曲欣赏与学唱课、绘本阅读与表演课、绘画情绪治疗课、生活数学动手操作课、正常教学补救课、沙盘言语治疗课。

一对一辅导

（二）协同式教学

有些特殊教育需要学生，他们自身也存在行为问题，但这些问题又不足以影响其他学生学习，只是他们始终在自己的世界里"学"。有的学生一节课只会偶尔关注授课教师；有的学生可能会在教室里悄无声息地乱走动；有的学生会趴在地上或自己的椅子上当床睡；有的学生会把自己的物品"撒落"在半个教室内；有的学生会根本不听教师指令，但目光却直直地"看"着教师；有的学生写出的字，被看作是"艺术品"，毫无规则顺序；有的学生会把课本当成绘画书，随时都会创作等。这些学生的共性在于，具备一定的学习能力，却极少参与班级集体活动。

还有些特殊教育需要学生，他们自身不缺乏学习技能，甚至在某项学习中还存在超强的智能。但他们难以控制自己的行为，难以约束自己，使得班级授课教师无法上课。

以上两类学生，都因为技能的缺失或行为控制能力弱，不但影响了自身和同学的发展，而且给授课教师带来了繁重的工作量。但他们身上的某些行为问题，又可以通过资源教师的协助，在一定时间内可以改善。因此，资源教师根据学生的评估结果，进入班级中，同班级授课教师共同来上课。班级授课教师在进行正常教学的基础上，随时根据资源教师的提醒，适时适度地关注问题行为学生。资源教师在进入班级前，要根据学生的行为问题，制订一整套科学有效的前事介入策略和方案，同班级授课教师一起共同促进行为问题学生的发展。

需要注意的是，在进行协同教学前，一定要征求学生家长和班主任以及授课教师的同意，并共同达成一致的融合教育愿景。

资源教师与随班就读教师协同教学

（三）社团团体辅导

为了能给特殊教育需要学生更多更有效的融合和发展机会，学校专为他们开设了阅读和瑜伽社团。特殊教育需要学生在普通学生的陪伴下，畅快地阅读分享，配合自由呼吸、伸展身躯。他们不但体验到了合作的乐趣，还感受到了被接纳的快乐，同时还展现了自我。虽然一周只有一次阅读和两次瑜伽社团的融合，但是却让他们得到了尊重，生命也因此更加多彩。

瑜伽社团

（四）自然环境教学

学校中，常有一些特殊教育需要学生突发行为问题，比如课间会因为好奇心，乱闯教师办公室，让电脑屏幕上的文件彻底"消失"；有时会因为发泄自身情绪，把班级或座位周围环境弄得一片狼藉；有时会将卫生间的洗手液全部倒在地上玩；有时会因为环境变化太快，不适应而歇斯底里地嚎叫；有时会将大小便拉在裤子里；有时会突然情绪失控，攻击周围人等等。这些问题的减少，最好能利用自然环境进行有效行为介入。最重要的是要找到前事刺激事件，之后使用强化物，逐渐减少行为问题的发生；或采用替代行为，教会他们应对事件的处理。

自然环境教学，要求资源教师有具备足够的处理行为问题的经验和技能。因此，ABA行为分析教学策略可以很好地帮助资源教师解决这些问题行为。

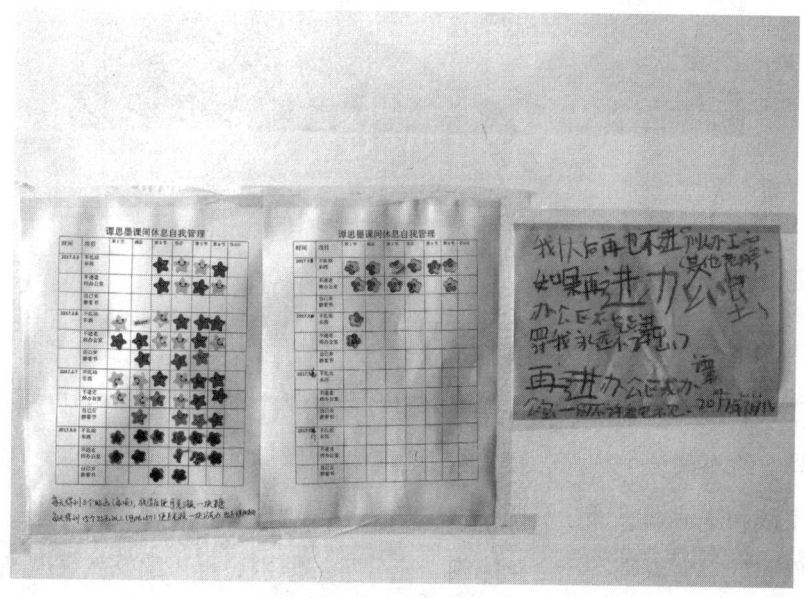

行为管理记录

(五)送教上门

在设定学期个别化教学计划时,家庭的后效辅导参与能够大大提高目标实现的速度与效果。因此,将有效的教学方法和策略在家庭自然环境中传授给家长,教学辅导效果自然会显著增加。同时,资源教师深入家庭进行教学,也对改善和增进学生和家长之间的关系起到了优化作用。

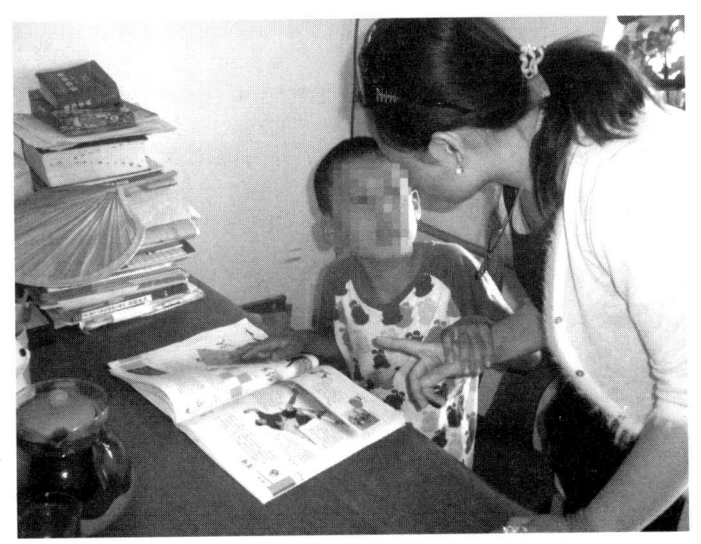

特殊教育需要学生家庭教学活动

四、资源教室教学体系

(一)教学内容的开发与实施

学校为特殊教育需要学生提供的服务主要是个别化训练,包括感觉统合训练课、绘本阅读个训课、音乐赏析学唱课、阅读社团、少儿瑜伽社团、社会性实践和生活训练课。资源教室教学坚持直观性原则、补偿性原则、趣味性原则、针对性原则、社会化原则、充分练习原则、可持续发展性原则、共享性原则等,对特殊教育需要学生进行服务,以每一个学生的个别化教育计划为根据,主要包括以下方面:

1. 感觉统合训练课

针对孤独症学生生理或行为问题，资源教室提供感觉统合训练服务，培养大小肌肉群的活动能力、反应能力和协调、平衡能力，促进大脑机能缺陷的补偿。训练在区特教中心教师的专业指导下进行。

利用自备的材料（如橡皮泥、纸张、细绳、豆子、茶叶、一次性水杯等）进行手工制作，训练精细动作。利用室外健身区的体育器材和室内玩具进行训练，提高学生上下肢和腰肌的力量，提高身体素质，使身体各部分动作协调，活力增加。

感统训练课

2. 绘本阅读个训课

学校设立语言训练室,专门做孤独症学生言语理解与语言表达能力的课程。在简单明亮的训练室里,书本和漂亮的书架始终陪伴着每个学生尝试表达和沟通。资源教师根据每个孤独症学生的不同特质,制订个性化的绘本阅读课。在阅读教材的选择和教学主题的设计上,一年级主要选择适应学校、班级生活和如何表达自我需求的主题绘本;二年级选择认识自己、他人和经典主题绘本;三年级选择社会交往、生活常识和风俗的主题绘本;四年级选择健全人格、展现自我的主题绘本;五年级选择科普、科技、知识类主题绘本;六年级选择关注他人、和谐融入环境的主题绘本。针对孤独症学生,以言语理解、语言表达和沟通训练为主,在不断积累词汇的基础上,改善其社会交往和沟通能力。针对阿斯伯格综合征学生,则从音乐绘本入手,以欣赏、哼唱为主,在学唱的过程中,学会主动沟通。

绘本教学区

为了解绘本阅读课程实施的效果,资源教师利用行为分析理论的实证性,在实践中不断试验和收集数据,证明此教学实践活动的有效性。为此,资源教师申报了《通过绘本教学提升孤独症儿童言语理解和语言表达能力的个案研究》课题，并被区教科所确定为区重点关注课题。在绘本教学实践活动中，争取做到以下方面：

（1）利用学生语言发展的关键期，实施绘本教学

语言是人类生活中必备的基础技能，也是人们用以表达情感、传递信息、思考与学习的工具。然而孤独症学生在语言发展上，较同龄学生存在明显的迟缓与缺陷。由于中枢神经功能的异常，以至在动作、注意力、认知能力、语言、情绪和社会互动等各方面也表现不佳。正是由于语言能力的不足，导致他们社会互动困难。不愉快的事件会因先前的经验而留下记忆，语言表达的困难影响其情绪行为的反应，将内在的负面情绪透过行为表现在日常生活中。这些不当的情绪表现，也相对在生活上产生了困难和影响。

（2）借助绘本教学，增加孤独症学生基础词汇量

孤独症学生都存在着语言发育迟缓或滞后的现象，他们基础词汇的认知能力以及生活常见词汇的储备量都不足以支持他们独立适应学校生活，影响了融合质量。利用绘本教学，教师根据个案的不同认知水平和视觉学习优势，借助简单的故事情节和鲜明的图画刺激，边放松边积累词汇，同时还能提升学生融合教育的质量。

（3）通过绘本教学，激发孤独症学生主动进行言语沟通

适合于孤独症学生阅读的绘本图书，文字简单凝练，故事情节生活化浓郁。不仅让孤独症学生从中受到社会交往和生活技能的感知影响，故事图片鲜明的可刺激性更适合孤独症学生的视觉优势认知方式。让孤独症学生在教师悠缓的语音刺激下，边看边听，不断习得大量生活词汇和言语表达。这样的学习，满足了孤独症学生大多以视听为主的认知模式，让他们深切体会到了学习的乐趣。

（4）通过绘本教学，增进融合机会

孤独症学生由于存在社交障碍，因此社会适应受到了严重的影响。更早地对孤独症学生实施言语理解和语言表达个案教学，使他们在不同主题的故

事情境下，进行社交和互动模仿。在模仿学习中，他们的情绪管理能力、思维水平、记忆力、注意力、社交能力都会得到不同程度的提升。经过一段时间的干预辅导，孤独症学生在班级融合的现状有机会得到改善。

3. 阅读和瑜伽社团

为了能给特殊教育需要学生更多有效的融合和发展机会，学校专门开设了阅读和瑜伽社团。他们可以在普通学生的陪伴下，一起进行畅快的阅读分享，配合自由呼吸、伸展身躯，学生不但体验到了合作的乐趣，还感受到了展现自己和被接纳的快乐。

4. 社会性生活和实践训练

开展丰富多彩的活动，一方面提高孤独症学生认知水平，提高注意力，扩大感知面，增强记忆力；另一方面使孤独症学生在玩中学习，体验到成功的喜悦，消除自卑心理，增强自信心，形成乐观向上的品格。由资源教师陪伴随班就读学生参加集体社会实践活动，是学校的特色创新之一，随班就读学生家长也能体会到学校的服务意识和办学理念。

随班就读学生参加集体社会实践活动

5. 音韵音律欣赏与试唱课

孤独症学生都对音乐比较感兴趣。为此，学校专门开设了欣赏与试唱课。

由于资源教师缺乏相应专业技能,为此把主动权完全交给学生,让他们在轻松的氛围下,边跟随原唱边手舞足蹈地哼唱,使他们的积极情绪得以很好地释放。

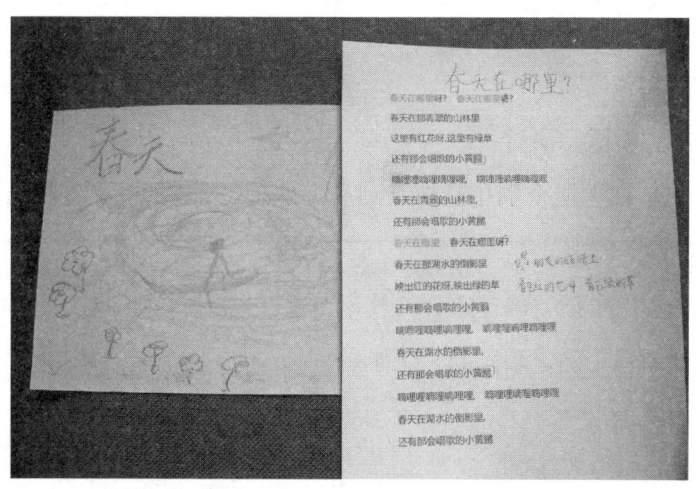

为孤独症学生开设音乐音律欣赏课程

6. 绘画情绪治疗

学校借用校外机构资源,开设了绘画情绪治疗。学生在教师的示范下,画出他们感兴趣并与生活联系紧密的作品。学生在边画边涂的轻松学习过程中,培养自己的绘画兴趣,开展相关话题的言语沟通,对儿童积极情绪的培养效果明显。

绘画治疗

(二)资源教室教学流程

进行资源教室教学需要个案介入,并开展相关干预活动,无论是接手一个新的个案还是针对已有的随班就读学生,资源教师在每学期初都会按照以下步骤开展个案教学:

1. 对其实施诊断和评估

2. 个案教学活动研讨

3. 分别制订学期个别化教育计划和家庭辅助计划(资源教师、班主任、任课教师、家长)

4. 家长提出申请,确定适合的教育安置方式

5. 设计课程和确定阳光助学伙伴

6. 编排课表

7. 教学设计

8. 实施教学

9. 记录课堂教学日志

10. 注重家校及时沟通,确保教学活动的实效

11. 中期评估和个案教学实效研讨

12. 凝练提升,形成文字成果(撰写论文、案例或教育成长故事)

13. 期末个性化测评(依据学生个性能力特点,专门设计测评材料)

14. 收集平时学习成果(照片、视频、音频、作品等)

15. 期末评估

16. 期末个性化评价(颁发奖状和奖品)

(三)资源教室教学效果

资源教室课程的开设,对随班就读学生有明显的干预效果。他们的情绪问题和行为问题已明显减少,有了主动交流的意识,而且在资源教室的社团活动中,完全能够与普通学生融合,并参与分享学习。同时,普通学

生学会了如何与随班就读学生沟通和交往。

（四）资源教室教学延伸

对于普通学生，学校主要提供团体瑜伽社团、个案咨询、个体沙盘治疗、团体沙盘治疗等心理干预服务。在提供这些服务时，教师秉承整体性、主体性、活动性、个体咨询、预防与发展相结合、促进成长的非指示性、保密性原则开展服务。对一名有智力障碍的未入学女孩，学校采取送教上门和一对一的个别辅导，使资源教室的功能得到了社会扩大化。

每学期，学校会对特殊教育需要学生的家长和教师提供专业服务和个体咨询。一方面，争取为学生提供个性化的特殊教育；另一方面，也关注家长和教师的心理健康发展，让他们无顾虑地支持学生的可持续发展。

普通学生享受资源教室服务

五、资源教室教学活动的拓展

（一）教师培训

资源教室是实施和优化学校融合教育的重要组织。除了对学生进行教学实践活动之外，对于教师融合教育理念以及融合教育技能的普及与提升也不可缺失。因为融合教育效果如何，不仅仅取决于接触特殊教育需要学生的教师，还要由全校教师所决定，因此应做到全员融合。

（二）资源整合

要做到全员融合，整合学校现有的物力与人力资源，是提升融合教育质量发展的全面保障。资源教师发挥个人积极的人格魅力，影响和带动周围所有资源正向发展，达到正向支持效果。

（三）专业素养提升

资源教师要始终保持积极向上的自主学习状态，努力提升自身专业素养。善于总结、实践和学习，乐于专业交流与研讨，求科学、促实效。

（四）社会融合

带领随班就读学生积极融入社区、社会外大课堂，打破学校融合教学实践的限制，走出去感受、体验真正的生活，积累、锻炼融入社会的实际操作经验。

结　语

四年来，学校虽然积累了一些资源教室教学实践活动的经验，逐步形成了自身的特点，但是，也有需要改进的方面。首先，要进一步完善团队建设，让更多的教师和家长参与资源教室教学实践活动的建设，获得更多的理论和实践上的支持与帮助，加强家庭教学实践活动的辅导。其次，进一步提高资源教室教学实践活动的有效性，发展多样化的课程体系，建立健全实证支持策略。建设和完善资源教室教学实践活动任重而道远，学校资源教室教学才刚刚起步。今后学校将脚踏实地以科研课题的形式逐步夯实资源教室教学实践研究，坚持为每一个特殊教育需要学生服务，真正做好融合教育。

社交技能

编号	书名	作者	价格
*9500	社交故事新编（十五周年增订纪念版）	[美]Carol Gray	59.00
*0151	相处的密码：写给孤独症孩子的家长、老师和医生的社交故事		28.00
*9941	社交行为和自我管理：给青少年和成人的5级量表	[美]Kari Dunn Buron 等	36.00
*9943	不要！不要！不要超过5！：青少年社交行为指南		28.00
*9942	神奇的5级量表：提高孩子的社交情绪能力（第2版）		48.00
*9944	焦虑，变小！变小！（第2版）		36.00
*9537	用火车学对话：提高对话技能的视觉策略	[美]Joel Shaul	36.00
*9538	用颜色学沟通：找到共同话题的视觉策略		42.00
*9539	用电脑学社交：提高社交技能的视觉策略		39.00
*0176	图说社交技能（儿童版）	[美]Jed E.Baker	88.00
*0175	图说社交技能（青少年及成人版）		88.00
*0204	社交技能培训实用手册：70节沟通和情绪管理训练课		68.00
*0150	看图学社交：帮助有社交问题的儿童掌握社交技能	徐磊 等	88.00

与星同行

编号	书名	作者	价格
*0428	我很特别，这其实很酷！	[英]Luke Jackson	39.00
*0302	孤独的高跟鞋：PUA、厌食症、孤独症和我	[美]Jennifer O'Toole	49.90
*0408	我心看世界（第5版）	[美]Temple Grandin 等	59.00
*7741	用图像思考：与孤独症共生		39.00
*9800	社交潜规则（第2版）：以孤独症视角解读社交奥秘		68.00
8573	孤独症大脑：对孤独症谱系的思考		39.00
*0109	红皮小怪：教会孩子管理愤怒情绪	[英]K.I.Al-Ghani 等	36.00
*0108	恐慌巨龙：教会孩子管理焦虑情绪		42.00
*0110	失望魔龙：教会孩子管理失望情绪		48.00
*9481	喵星人都有阿斯伯格综合征	[澳]Kathy Hoopmann	38.00
*9478	汪星人都有多动症		38.00
*9479	喳星人都有焦虑症		38.00
9002	我的孤独症朋友	[美]Beverly Bishop 等	30.00
*9000	多多的鲸鱼	[美]Paula Kluth 等	30.00
*9001	不一样也没关系	[美]Clay Morton 等	30.00
*9003	本色王子	[德]Silke Schnee 等	32.00
9004	看！我的条纹：爱上全部的自己	[美]Shaina Rudolph 等	36.00
*8514	男孩肖恩：走出孤独症	[美]Judy Barron 等	45.00
8297	虚构的孤独者：孤独症其人其事	[美]Douglas Biklen	49.00
9227	让我听见你的声音：一个家庭战胜孤独症的故事	[美]Catherine Maurice	39.00
8762	养育星儿四十年	[美]蔡张美铃、蔡逸周	36.00
*8512	蜗牛不放弃：中国孤独症群落生活故事	张雁	28.00
*9762	穿越孤独拥抱你		49.00

经典教材 | 学术专著

编号	书名	作者	价格
*0488	应用行为分析（第3版）	[美]John O. Cooper 等	498.00
*0464	多重障碍学生教育	盛永进	69.00
9707	行为原理（第7版）	[美]Richard W. Malott 等	168.00
*0449	课程本位测量实践指南（第2版）	[美]Michelle K. Hosp 等	88.00
*9715	中国特殊教育发展报告（2014-2016）	杨希洁、冯雅静、彭霞光	59.00
*8202	特殊教育辞典（第3版）	朴永馨	59.00
0490	教育和社区环境中的单一被试设计	[美]Robert E.O'Neill 等	68.00
0127	教育研究中的单一被试设计	[美]Craig Kenndy	88.00
*8736	扩大和替代沟通（第4版）	[美]David R. Beukelman 等	168.0
9426	行为分析师执业伦理与规范（第3版）	[美]Jon S. Bailey 等	85.00
*8745	特殊儿童心理评估（第2版）	韦小满、蔡雅娟	58.00
0433	培智学校康复训练评估与教学	孙颖、陆莎、王善峰	88.00

新书预告

出版时间	书名	作者	估价
2023.12	特殊教育和融合教育中的评估	[美]John Salvia 等	148.00
2023.12	孤独症学生融合学校环境创设与教学规划	[美]Ron Leaf 等	88.00
2023.12	情绪四色区	[美]Leah Kuypers	69.00
2024.01	孤独症及相关障碍儿童社会情绪课程（初阶）	钟卜金、王德玉、黄丹	88.00
2024.01	融合教育实践指南：校长手册	[美]Julie Causton	58.00
2024.01	融合教育实践指南：教师手册		68.00
2024.01	融合教育实践指南：助理教师手册（第2版）		60.00
2024.01	孤独症儿童融合教育生态支持系统建设的理念与实践	王红霞	59.00
2024.06	特殊教育和行为科学中的单一被试设计	[美]David Gast	68.00
2024.07	沟通障碍导论（第7版）	[美]Robert E. Owens 等	198.00
2024.08	聪明却慢一拍的孩子	[美]Ellen Braaten 等	49.00
2024.08	聪明却冷漠的孩子		49.00
2024.09	孤独症儿童沟通能力早期培养	[美]Phil Christie 等	58.00
2024.09	孤独症儿童干预Jasper模式	[美]Connie Kasari	98.00
2024.09	融合幼儿园教师实践指南	[日]永富大铺	49.00
2024.10	优秀行为分析师的25项基本技能	[美]Jon S. Bailey 等	68.00

标*号书籍均有电子书

微信公众平台：HX_SEED（华夏特教）

微店客服：13121907126

天猫官网：hxcbs.tmall.com

意见、投稿：hx_seed@hxph.com.cn

关注我，看新书！ 联系地址：北京市东直门外香河园北里4号（100028）

华夏特教系列丛书

书号	书名	作者	定价
\multicolumn{4}{c}{孤独症入门}			
*0137	孤独症谱系障碍：家长及专业人员指南	[英]Lorna Wing	59.00
*9879	阿斯伯格综合征完全指南	[英]Tony Attwood	78.00
*9081	孤独症和相关沟通障碍儿童治疗与教育	[美]Gary B. Mesibov	49.00
*0157	影子老师实战指南	[日]吉野智富美	49.00
*0014	早期密集训练实战图解	[日]藤坂龙司 等	49.00
*0116	成人安置机构 ABA 实战指南	[日]村本净司	49.00
*0510	家庭干预实战指南	[日]上村裕章 等	49.00
*0119	孤独症育儿百科：1001 个教学养育妙招（第 2 版）	[美]Ellen Notbohm	88.00
*0107	孤独症孩子希望你知道的十件事（第 3 版）	[美]Ellen Notbohm	49.00
*9202	应用行为分析入门手册（第 2 版）	[美]Albert J. Kearney	39.00
*0356	应用行为分析和儿童行为管理（第 2 版）	郭延庆	88.00
\multicolumn{4}{c}{教养宝典}			
*0149	孤独症儿童关键反应教学法（CPRT）	[美]Aubyn C. Stahmer 等	59.80
*0461	孤独症儿童早期干预准备行为训练指导	朱璟、邓晓蕾等	49.00
9991	做看听说（第 2 版）：孤独症谱系障碍人士社交和沟通能力	[美]Kathleen Ann Quill 等	98.00
*0511	孤独症谱系障碍儿童关键反应训练掌中宝	[美]Robert Koegel 等	49.00
9852	孤独症儿童行为管理策略及行为治疗课程	[美]Ron Leaf 等	68.00
*0468	孤独症人士社交技能评估与训练课程	[美]Mitchell Taubman 等	68.00
*9496	地板时光：如何帮助孤独症及相关障碍儿童沟通与思考	[美]Stanley I. Greensp 等	68.00
*9348	特殊需要儿童的地板时光：如何促进儿童的智力和情绪发展	[美]Stanley I. Greensp 等	69.00
*9964	语言行为方法：如何教育孤独症及相关障碍儿童	[美]Mary Barbera 等	49.00
*0419	逆风起航：新手家长养育指南	[美]Mary Barbera	78.00
9678	解决问题行为的视觉策略	[美]Linda A. Hodgdon	68.00
9681	促进沟通技能的视觉策略	[美]Linda A. Hodgdon	59.00
*8607	孤独症儿童早期干预丹佛模式（ESDM）	[美]Sally J.Rogers 等	78.00
*9489	孤独症儿童的行为教学	刘昊	49.00
*8958	孤独症儿童游戏与想象力（第 2 版）	[美]Pamela Wolfberg	59.00
*0293	孤独症儿童同伴游戏干预指南：以整合性游戏团体模式促进	[美]Pamela Wolfberg	88.00
9324	功能性行为评估及干预实用手册（第 3 版）	[美]Robert E. O'Neill 等	49.00
*0170	孤独症谱系障碍儿童视频示范实用指南	[美]Sarah Murray 等	49.00
*0177	孤独症谱系障碍儿童焦虑管理实用指南	[美]Christopher Lynch	49.00
8936	发育障碍儿童诊断与训练指导	[日]柚木馥、白崎研司	28.00
*0005	结构化教学的应用	于丹	69.00
*0402	孤独症及注意障碍人士执行功能提高手册	[美]Adel Najdowski	48.00
*0167	功能分析应用指南：从业人员培训指导手册	[美]James T. Chok 等	68.00
9203	行为导图：改善孤独症谱系或相关障碍人士行为的视觉支持	[美]Amy Buie 等	28.00

书号	书名	作者	定价
\multicolumn{4}{c}{融合教育}			
*9228	融合学校问题行为解决手册	[美]Beth Aune	30.00
*9318	融合教室问题行为解决手册	[美]Beth Aune	36.00
*9319	日常生活问题行为解决手册	[美]Beth Aune	39.00
*9210	资源教室建设方案与课程指导	王红霞	59.00
*9211	教学相长：特殊教育需要学生与教师的故事	王红霞	39.00
*9212	巡回指导的理论与实践	王红霞	49.00
9201	你会爱上这个孩子的！：在融合环境中教育孤独症学生（第 2 版）	[美]Paula Kluth	98.00
*0013	融合教育学校教学与管理	彭霞光、杨希洁、冯雅静	49.00
0542	融合教育中自闭症学生常见问题与对策	"基础教育阶段自闭症学生支持服务体系建设"项目	49.00
9329	融合教育教材教法	吴淑美	59.00
9330	融合教育理论与实践	吴淑美	69.00
9497	孤独症谱系障碍学生课程融合（第 2 版）	[美]Gary Mesibov	59.00
8338	靠近另类学生：关系驱动型课堂实践	[美]Michael Marlow 等	36.00
*7809	特殊儿童随班就读师资培训用书	华国栋	49.00
8957	给他鲸鱼就好：巧用孤独症学生的兴趣和特长	[美]Paula Kluth	30.00
*0348	学校影子老师简明手册	[新加坡]廖越明 等	39.00
*8548	融合教育背景下特殊教育教师专业化培养	孙颖	88.00
*0078	遇见特殊需要学生：每位教师都应该知道的事	孙颖	49.00
\multicolumn{4}{c}{生活技能}			
*0130	孤独症和相关障碍儿童如厕训练指南（第 2 版）	[美]Maria Wheeler	49.00
*9463	发展性障碍儿童性教育教案集/配套练习册	[美] Glenn S. Quint 等	71.00
*9464	身体功能障碍儿童性教育教案集/配套练习册	[美] Glenn S. Quint 等	103.00
*0512	孤独症谱系障碍儿童睡眠问题实用指南	[美]Terry Katz 等	59.00
*8987	特殊儿童安全技能发展指南	[美]Freda Briggs	42.00
*8743	智能障碍儿童性教育指南	[美]Terri Couwenhoven	68.00
*0206	迎接我的青春期：发育障碍男孩成长手册	[美]Terri Couwenhoven	29.00
*0205	迎接我的青春期：发育障碍女孩成长手册	[美]Terri Couwenhoven	29.00
*0363	孤独症谱系障碍儿童独立自主行为养成手册（第 2 版）	[美]Lynn E.McClannahan 等	49.00
\multicolumn{4}{c}{转衔|职场}			
*0462	孤独症谱系障碍者未来安置探寻	肖扬	69.00
*0296	长大成人：孤独症谱系人士转衔指南	[加]Katharina Manassis	59.00
*0528	走进职场：阿斯伯格综合征人士求职和就业指南	[美]Gail Hawkins	69.00
*0299	职场潜规则：孤独症及相关障碍人士职场社交指南	[美]Brenda Smith Myles 等	49.00
*0301	我也可以工作！青少年自信沟通手册	[美]Kirt Manecke	39.00
*0380	了解你，理解我：阿斯伯格青少年和成人社会生活实用指南	[美]Nancy J. Patrick	59.00

第六章 资源教师队伍建设

资源教师是资源教室的核心人物，负责资源教室日常管理、运作及教学实践等工作，应具备相应的专业素养。资源教师的个体成长经历了不同的阶段，包括探索阶段、发展阶段、创新阶段与反思提升阶段等。学校为培养资源教师采取了多种方法与策略，如提供培训机会、促进参观交流、搭建展示平台等。本章以北京理工大学附属中学南校区和海淀区图强第二小学为范例，分别从个体发展角度和学校培养视角来阐述资源教师的成长之路。

第一节 尊重规律 追求专业
让随班就读学生在爱的阳光下成长
——北京理工大学附属中学南校区资源教师成长之路

一、学校及资源教室基本情况

北京理工大学附属中学南校区，原北京市六一中学，其前身是1950年的公安干部子弟学校，2016年1月并入北京理工大学附属中学，成为理工附属中学南校区。目前南校区初高中共有30个教学班，1000多名学生。学校以"创造优质教育，使学生获得生动、活泼、主动的发展；落实关爱教育，倡导尊重教育；搞好负责的教育，尝试超前的教育"为办学理念，以培养"守规矩懂感恩有教养，厚基础重实践会创造"的学生为目标，学校着力培养学生的气质形象，男生英俊（大气、沉稳、担当），女生淑雅（内秀、和善、文雅），促进学生全面主动发展，这其中自然也包括学校一部分特殊群体——随班就读学生。

学校 2011—2017 年随班就读学生数量及类型如表 6-1 所示，随班就读学生的数量呈逐年增长趋势，其中智力障碍学生占据多数，孤独症学生日趋增多。

表 6-1 2011—2017 学年学校随班就读学生数量及类型

年份	智力障碍	听力障碍	视力障碍	孤独症	总计
2011—2012	3	1			4
2012—2013	5	1			6
2013—2014	5		1		6
2014—2015	8		1	1	10
2015—2016	9		1	2	12
2016—2017	10			2	12
总计	40	2	3	5	50

2011 年底，教委为学校建立资源教室拨专项款，2012 年 4 月底资源教室正式建成并投入使用。2014 年底，根据资源教室使用需要，学校申请资源教室建设专项经费，在教委领导和特教中心领导关怀和支持下，2015 年经费到位，资源教室的软硬件进行了补充和升级，2015 年底完工，2016 年正式投入使用。在使用的过程中，资源教室分别于 2013 年 5 月和 2016 年 6 月两次接受海淀区特教中心的评估督导，均受到与会专家的一致好评，并被授予"海淀区示范资源教室"称号。

资源教室面积约 116 平方米，其功能包括办公接待室、咨询诊断区、团体辅导区、宣泄训练区、音乐放松区、沙盘体验区、阅读区、档案管理区、教学资源区和潜能开发区等。

资源教室的建成,无疑为学校随班就读工作提供了崭新的平台,同时也丰富了随班就读学生的辅导形式,不同程度地满足了学生的需求。资源教室是学生与教师进行心与心交流的重要场所和媒介,同时又是学校为随班就读学生量身定制个性化教育服务方案,发展学生个性特长,塑造学生人格,促进学生全面主动发展的重要桥梁。

二、资源教师的专业成长

2012年卢子丽老师接手学校的心理辅导和随班就读工作,当时她对"资源教师"这个角色还很陌生,对这个角色"要做"的事情以及"如何做"都感到困惑迷茫,但又充满好奇。于是学校支持卢子丽老师参加一系列专业培训,旨在提升其专业技能。与此同时,她开始接触随班就读学生和家长,并和班内有随班就读学生的班主任交流沟通,开展融合教育相关工作。一路走来,不断成长,她见证了随班就读学生的收获与快乐,更加坚定了"资源教师"发展之路。总结其成长历程,可分为以下几个阶段:学习探索期、稳步推进期、创新开拓期和思考整合期。

(一)学习探索期

2012年,卢子丽老师初入学校,资源教室已经建成,硬件设施相当完善,为了更加快速地做好这项工作,她立即投入到海淀区特殊教育中心举办的每周一次的资源教师专业技术培训中,如饥似渴地汲取专业知识。回到学校后,开始约见随班就读学生及其家长,并与随班就读学生的班主任沟通,搜集学生的成长信息,有针对性地制订个别辅导计划,与随班就读学生建立了很好的关系。在此基础上开展活动,学生不仅乐于参与,还能解决实际遇到的问题,从而健康地成长。

资源教师参加特殊教育专业培训（右边第三位为卢子丽老师）

在探索的过程中，她看到了随班就读学生发生的各种变化。例如，有的学生原来自卑无助，后来变得开朗乐观；有的学生原来不想进班上课，后来主动找语文老师背诵课文等。这样的事情让人很是欣慰，也让她懂得了学生的成长是学校所有教师共同努力的结果，一个人的努力总会敌不过学生周围人的共同努力。学校领导一直非常重视和支持融合教育与资源教师工作，在主管校长的支持下，卢子丽老师召集所有随班就读教师，进行融合教育培训，使更多的教师了解融合教育，并积极参与其中，共同制订个别化教学计划，使随班就读学生拥有更接纳、更适合他的教育环境，所有教师形成了教育合力。

经过一学年的努力，各项工作基本上都步入正轨。卢子丽老师不仅和学生建立了很好的师生关系，也和家长建立了良好的合作关系，共同陪伴学生成长。她作为资源教师，会在资源教室定期约见随班就读学生，其他任课教师则做好相应科目的个别化教学计划，帮助学生学业成长。

（二）稳步推进期

做资源教师的第二年，卢子丽老师已经基本熟悉随班就读工作，资源教室各项工作都得到有序开展，并初显成效。

1. 有针对性地对随班就读学生进行形式多样的辅导

随着对随班就读学生进一步的了解，在良好的师生关系基础上，卢子丽老师根据不同学生的特点，安排了形式多样的个性化辅导，如年级心理拓展小组辅导、班级学习小组辅导和个别辅导等。

2. 完善档案管理

在资源教室使用的同时，卢子丽老师十分注重完善相关的档案管理工作，制定具体明确的资源教室管理制度和工作流程，如图书借阅制度、借阅登记表、随班就读活动记录表、随班就读教研组活动记录等。

对学生进行个性化辅导

3. 随班就读工作初显成效

随班就读学生喜欢来到资源教室参加各种团体或个人的辅导活动，在这里他们能够通过多种适合自己的活动让生活更充实、更有自信，提升心理素质及与他人交往和适应社会的能力。同时，随班就读学生对于班级普通学生来讲又是一个很好的教育资源，是班级的财富，帮助随班就读学生能够培养普通学生的爱心、责任心以及换位思考的能力。对整个班级来说，普通学生和随班就读学生能够融洽相处，互帮互助，也会使班级氛围更加和谐。

随班就读工作不仅让学生获得关爱与成长，也为教师提供了更多的平台和机会去实践自己的教育教学理念。2013—2016 年期间，学校先后有 8 篇论文获得北京市或海淀区融合教育论文评选二、三等奖；卢子丽老师被评为海淀区

"优秀资源教师""特殊教育先进个人",并被聘为海淀区特殊教育中心"资源教室教研组"教研员;学校资源教室被评为海淀区"示范资源教室"。

(三)创新开拓期

1. 将随班就读工作与心理健康教育相结合

根据学校实际情况以及中学生身心发展的特点,为了使对随班就读学生的辅导更有效、更适合,卢子丽老师将随班就读工作与心理健康教育相结合,力求提升学生的心理品质和适应社会的能力。2015—2016学年,卢子丽老师组建了有3名随班就读学生和11名普通学生的心理社团。由于这14名学生来自不同年级和班级,有的学生没有直接接触随班就读学生的经验,刚开始的时候,部分普通学生不接纳孤独症学生,对和他们在一个社团里表示不满。于是,卢子丽老师的心理社团活动课便由生命教育和融合教育开始,最后发展到生涯教育。一学年下来,大家都成了亲密的朋友,最初最不接纳的那名同学反而成了孤独症学生最喜欢的人。

心理社团活动

2. 开展灵活多样的随班就读学生辅导活动

团体辅导活动

对随班就读学生的辅导除个别辅导之外,并不拘泥于单一形式的团体的辅导,而是灵活处理,既可以开展多人的小组团体活动,又可以开展针对个别随班就读学生的小团体辅导;既可以同一年级内辅导,又可以将不同年级学生混合进行辅导和同伴教育。多样形式最终目的就是提供更多关注随班就读学生、了解并指导他们学习与生活的机会,满足随班就读学生的不同需要。

3. 扩大资源教室的使用率

资源教室不仅吸引着随班就读学生,同样也吸引着广大普通学生,经常会有学生路过时停下来看一看,或是问一问什么时候可以去资源教室。为了满足广大学生的需要,在课表之外,卢子

普通学生在资源教室中接受服务

丽老师会接待预约的普通学生进入资源教室参观、阅读或是参加潜能开发训练等。每学期的心理课她也会带领初一年级学生来资源教室上心理活动课和欣赏心理电影等。这些活动，使资源教室的功能得到了充分利用。

（四）思考整合期

随班就读学生人数近年来呈逐年增多趋势，近两年都保持在 10—12 人，障碍类别主要为智力障碍、视力障碍和孤独症三类；其中，轻度智力障碍学生居多。考虑到资源和时间的有限性，卢子丽老师依托区特殊教育中心"渐进式融合"的指导思想，在推进融合教育的进程中发挥资源教室的过渡和辅助作用，当随班就读学生能够进行班级融合时，资源教室将结束对其的个别化辅导。这样既对已经融合的学生有利，也使资源教师能够将更多的精力用在还未能完全融合的学生身上，如孤独症学生和中度智力障碍学生。

对于智力障碍随班就读学生，卢子丽老师将辅导的重点放在了提升注意力水平、树立自信心、学会与人交往、增强团队合作意识、提升适应环境与社会等能力方面，并给予心理支持；而对于孤独症学生，卢子丽老师将辅导的重点放在社会适应性训练上。

三、资源教师支持随班就读工作的开展

要做好随班就读学生工作，离不开班主任、任课教师和资源教师的共同努力。为此，卢子丽老师与随班就读学生的任课教师、班主任共同对其负责，实施全员教育，让随班就读学生感受到更多的关爱和包容，从而有利于学生自信心的培养，更好地融入集体生活中。

卢子丽老师还兼任初一初二年级心理教师，不仅为随班就读学生做个别辅导，而且还能够在课堂上观察随班就读学生的行为表现，使个别辅导更有

针对性。在日常的教学生活中，班主任和任课教师在班内不会特别强调班里学生要对随班就读学生给予特殊关照，从而让随班就读学生能够在心理上认为自己和其他普通学生一样，接受正常的教育，让别人也用正常的眼光和标准看待自己。另一方面，教师会默默关注随班就读学生的学习、生活状况。例如，任课教师在设置课堂目标上有所分层，能够根据随班就读学生的具体情况制定符合他们能力发展的个性化教学目标；在课堂上本着尊重、宽容、理解、鼓励的原则，随时关注随班就读学生的表现和听讲状况；课下及时找随班就读学生了解他们的学习情况，并对其不懂之处进行更加详细的讲解。资源教师和班主任，经常看似无意地找随班就读学生进行沟通，主要目的在于了解学生近期的心理、学习感受、人际交往等状况，以便及时发现随班就读学生在校生活的困扰，及时进行心理疏导并提供帮助，必要时主动与班主任进行沟通；同时，资源教师为随班就读学生今后走向社会培养必要的技能技巧，开发他们潜在的能力。

资源教师在开展工作的同时，注重积累指导随班就读学生的成功案例，通过对案例的反思与总结，进一步促进自身专业素养的提升。

案例一

原初三（4）班的 WN（现就读于首钢学院大一），智力障碍，该生在人际交往和学习方面较弱，但语言表达能力良好。因其形象和智力障碍，在小学经常挨欺负。到了初中，学校融合氛围较浓，教师能够感受到她对和同龄人交往的渴望，同时也能感到她的自卑。经过一个学期的个别辅导，资源教师明显感受到该生自信心有所提升，并主动与班内同学交往。第二学期该生进入新的心理素质拓展小组后，主动认识新同学，表现积极，在小组中十分活跃，并多次发语音短信给资源教师谈自己的想法和感受。毕业后多次回校看望老师，讲述自己的学校生活，并表示自己在新学校中融合良好。

案例二

原初三（2）班的WJ，先天性白内障，眼睛做过2次手术，视力残疾四级。该生虽然戴眼镜，但是看人和物还是要凑很近才能看清楚。为了照顾WJ的听课，班主任梅老师把她安排在讲桌侧边，但发现这样虽然有利于她看清黑板，但未免太过孤独，于是找到她所在的小组，鼓励他们为了组员要努力争取到靠前的座位，从而让她顺利"回归"团队。如此一来，老师既照顾了她的视力，又不让她感觉到孤单，还有利于老师和同学的关照和帮助，更有利于她身心健康发展。WJ的成功融合离不开学校从校长、资源教师到班主任以及各任课教师的付出。例如，学校副校长在一次去盲校开会时，为WJ同学争取了一套助视器设备。

WJ也有一段痛苦的经历。初一时，年级教师都能感受到学生对WJ的排斥，例如，本年级男生见到WJ后就会躲开，甚至有人会喊"WJ来了"。面对这一现象，教师们非常关注，并且都采取了不同解决方法。班主任梅老师先后找了几个主要的"带头分子"聊天，了解他们的想法，教会他们如何理解与尊重，然后召开了女生会和干部会，从同为女生的角度和班级干部责任的角度，分别给学生以指导。利用"一帮一"的师徒活动，特意安排一位学习成绩等各方面都较好的班干部来帮助她，成立伙伴助学小组，在课内课外进行辅导，形成良好的班级融合氛围。同时班主任也会在课间和她聊天，教会她如何处理好同学的关系。

语文老师刘老师在批改学生周记中，发现一名女生的周记中谈到了WJ，表达了对她的佩服，也批评了那些曾经伤害过她的男生。于是刘老师在语文课上请同学读了这篇周记，这篇文章虽然文笔一般，但情感却真实而浓烈，WJ被感动得流下了眼泪。同学们也看到了她的孤独与无助，看到了她委屈的泪水，更看到了她被伤害后的坚强，同学们深深地思考曾经或正在对WJ的所作所为。

资源教师与她们年级同处一层，见到同年级和同班男生的行为，很是担心。一天下午放学后，听到男厕所（办公室就在男厕所旁边）里面几个男生大喊"WJ来了"，接着就是一阵笑声。当时资源教师很生气，把这几个男生叫出来，请到了自己的办公室，质问他们："笑什么？WJ怎么了？"他们几个支支吾吾地说："她戴眼镜。""戴眼镜的人很多呀，我也戴眼镜，你们也要笑我是吗？"其实这几个男生平时各方面都不错，或许是因为到了一个容易从众的年龄，选择了跟随不良风气。于是，资源教师将他们班3名男生安排到了和WJ一起的小组活动中，随着团体活动次数的增多，小组内成员间彼此接纳和尊重，WJ在团体活动中表现积极，与同组学生相互支持，结识了几个新朋友，非常开心；同时她班的三位男生也不再排斥她，且在团体活动中还能真诚地相互帮助。在一次团体活动中，WJ说自己越来越爱自己的班级，喜欢班里的同学和班级氛围。又经过一个学期的团体辅导，教师们欣喜地发现，不但同班男生见她不再躲闪，就连本年级的男生也能够和她说上几句话了，这就是教育合力的成果！到初三后，资源教师结束了对她进行的资源教室辅导，这是由于她在自己的班级已经得到良好的融合。

案例三

初三（2）班的H，是学校第一位孤独症随班就读学生。在他刚进入初一年级不久时，就因为独特的行为被教师和学生所认识。资源教师给他安排了每周一次资源教室的个别辅导，训练他的人际沟通能力和社会规则意识。在课堂上，教师注重他的课堂参与以及同学间的相互尊重和支持。

回想他两年多的初中生活，至今仍历历在目，在此过程中，需要感激教师和同学们的善良、包容、坚持和不放弃。他刚入学不久，学校就组织全校师生去附近影院观看教育影片《天河》。在组织学生入场时，发生了一件温馨小事：学生到场后纷纷去洗手间，H也在其中。在这个不熟悉的地方，有很多相似的影厅,他能否找到自己的班级在哪个影厅?不一会儿,班里一男生跑过来问:"老师,您见到H了吗?"就在这时,他班另一名男生和H一起出现在大家的视野中。一件小事足以见微知著,两位男生的善意举止反映的实则是班级总体的融合风貌。

初一年级第一次社会实践活动前,德育副校长组织初一年级组教师和德育中心工作人员,探讨H要不要参与这样的活动,如何参加这样的活动。在场教师一致认为H一定要参与这样的活动,让同班同学轮流陪伴他,必要的时候,可以带其家长一同参与。经过这个讨论后,每学期的社会实践活动,他都和同学们在一起,感受社会实践的乐趣。

课堂上,任课教师越来越被初三(2)班的班级氛围所吸引,不仅仅是因为同学们对H的态度,更是因为同学们尊重互助的整体氛围。课堂上H的举动不仅不会引起同学们的嘲笑,反而一些行为还会被同学们鼓励和赞赏。在一节注意力的课上,几个同学演示了一个注意力训练的小活动后,资源教师刚要往下进行,H站起来也要求做这个小活动,还没等老师说什么,就听学生们说:"让他试试吧!"等他做完后,记时的同学报告了时间,同学们给予了热烈的掌声鼓励他。初一下学期,资源教师选择2班做区级展示课,好心的同事提醒她:"H在可以吗?"她坚信地说:"没问题!"不要求他表现多优秀,只想展现真实的课堂,真实的H、真实的二班!教师相信他们,他们也相信自己!相信这样的班级氛围,一定是在班主任彭老师的带领下形成的独特的2班班级文化的彰显。

随着年龄的增长,教师和同学们的努力还是受到了些许挑战,面对H的一些不得体行为,教师和同学们困惑:"我们就任由他的不得体行为吗?那为什么说了这么多次他还是那样?"通过与资源教师不断的交流与学习,得出的答案是:"不!但是需要对他'温柔的坚持'!因为他有刻板行为,有时一两次的教育解释,他并不能理解或是改变,所以一些规则需要我们坚持!"

资源教师的专业发展之路充满了艰辛,但也一路欢笑。资源教师由原来的迷茫困惑,到现在的笃信不疑;由原来的孤军奋战,到现在与随班就读教师和家长的通力合作,并且得到特殊教育中心强大的专业支持。资源教师时刻被全校教师的信念感动着,被学生们的生命力感动着!每个生命都是独特的,每个生命都需要用心陪伴。

第二节 聚焦资源教师成长 托起融合教育未来
——海淀区图强第二小学资源教师成长之路

"关注所有学生的积极学习和参与"是融合教育最响亮的口号。融合教育强调学生差异存在的合理性,确保所有学生(包括残疾学生)都拥有在普通学校接受教育的权利,学校和教师有责任通过调整教育教学满足学生的特殊教育需要。《国家中长期教育改革和发展规划纲要(2010—2020)》明确要求教师应"注重因材施教,关注学生不同特点和个性差异,发展每一个学生的优势潜能"。从认识残疾学生的独特需要,到了解各类特殊教育需要学生,进而认识到人人都有特殊需要,这就是对个体差异关注程度不断提高的过程。

一、学校资源教室建设

北京市海淀区图强第二小学创办于1982年5月,前身为1952年成立的中国航天二院子弟小学。学校占地面积为10633平方米,目前有45个教学班,1700多名学生;在编教职员工89人,其中高级教师5人,一级教师57

人，二级教师 27 人，海淀区学科带头人 11 人，海淀区骨干教师 8 人。图强第二小学始终坚持"素养为翼，图强翱翔"的办学理念，以"培养人格健全的新时代图强人"为育人目标，逐渐形成了"求实创新，奋发图强"的学校文化。学校构建了五大素养的课程体系，为学生搭建五大素养发展平台。

（一）上级扶持，资金保障

随着随班就读学生人数的不断增多，学校克服校舍紧张的困难，2012 年向海淀区教委申请为学校投入 50 万元建设资源教室，2013 年 9 月资源教室正式投入使用。

学校现有资源教室 2 间，1 间感统器材康复训练教室，1 间心理咨询室。随着随班就读学生的增多和不同类型学生的增加，原有设备已经不能满足需要，学校于 2015 年再次申请，教委又投入了 50 万元将资源教室由强志楼挪至图新楼进行重建、更新和补充设备。

（二）制度先行，有效使用

为了使资源教室更好地让学生受益，使学校融合教育系统地运转起来，学校制定了《随班就读教师职责》《随班就读课堂教学原则》《随班就读教师考核评估制度》《资源教师职责》《资源教室制度》等。学校用制度规范管理，用制度落实评价，这些制度对随班就读工作的开展起到了积极作用。

二、潜心研究，讲求策略

（一）建立档案，确保教育的连续性

学校为了规范对随班就读学生的管理，为每一个随班就读学生建立专项档案。档案的主要内容包括：随班就读学生的基本情况调查表、个别训练计划、学生作业、学业成绩、家访情况记录、课外辅导情况记录、学生案例等等，这些丰富的资料记录了学生的成长历程和发展轨迹，为教师进一步制订个别化教育计划提供了帮助，保证了教育的连续性，使随班就读学生的个性教育得以延续。

资源教室档案管理

针对学校随班就读学生以及情绪障碍、智力障碍、学习困难、孤独症、听力障碍、脑瘫、注意力缺陷多动障碍的学生，学校还为他们开设了个别训练课。充分利用学校的资源教室及专业图书、教具、训练器材，由两位资源教师一对一地为个别随班就读学生进行单独辅导，量体裁衣提高自控能力，培养非智力品质，并将这些课纳入课表中，确保教育教学的质量。个别训练课是依据每一个学生的情况量身打造的特殊训练课，经过一段时间的训练，均取得较明显的进步。

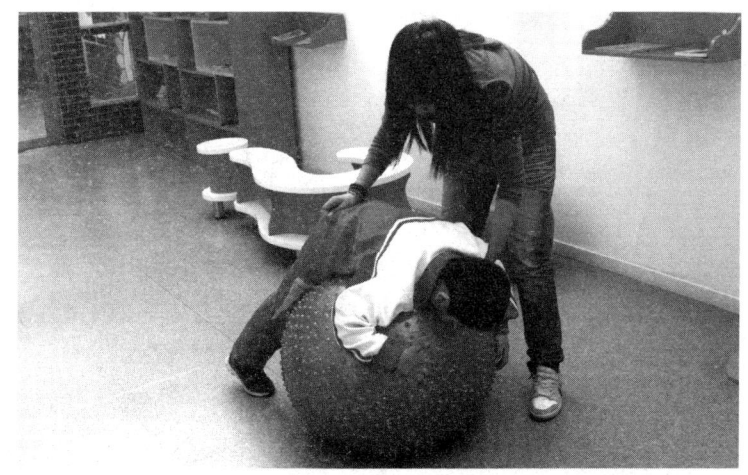

个别训练课

（二）创设全纳氛围

学校刚刚有随班就读学生的时候，家长和老师不能理解。很多家长找到学校提出自己的孩子不与随班就读学生同班，以免被打扰。家长担心自己的孩子会被他们影响——教师会将更多的时间浪费在随班就读学生身上，自己的孩子会被教师忽略或随班就读学生会扰乱课堂等；而随班就读学生的家长也找到学校，担忧在随班就读环境下，孩子会自卑，孩子会被欺负等。

资源教师带领学校教师阅读孤独症相关的书籍

为了减少家长们的担忧，资源教师探索了一系列的方法，利用政治学习时间带领教师们阅读相关书籍，例如《孤独症孩子希望你知道的十件事》《爸爸爱喜禾》等；带领教师和学生一起观看电影，例如《雨人》《海洋天堂》等。学生看完，会有自己独到的见解，再通过影响家长，让家长也对随班就读学生有所了解，接纳班中的随班就读学生，真正做到"全纳"。

资源教师带领普通学生观看孤独症题材影片

(三)关注家庭,促家校共育

家长是影响随班就读学生的一个重要因素,同时也是随班就读工作中较难控制的因素,家长是否配合学生的教育教学工作会直接影响随班就读工作的成败。经过多次训练,家长看到了学生在各方面取得的进步,对学校的随班就读工作给予了肯定,并能够在日常的学习、生活中配合教师的各项要求,共同帮助学生成长。

每学期学校资源教师定期给随班就读学生家长开家长会。通过家长会,家长可以全面了解学校教育教学的一般情况和对家庭亲子教育的指导;了解学校教育教学的基本成果和发展目标;了解随班就读学生在普通教育教学环境中得到的正向影响。学校还同家长委员会另行召开仅有随班就读学生家长参加的"家校联系会"。在会上,向家长介绍随班就读教育教学进展的情况、发展过程中取得的成就、存在的问题与困惑,并向家长展示学生的学习成果。

随班就读学生家长会

三、聚焦资源教师的成长

作为资源教师,要兼有普通教师和特殊教师的相关技能。作为资源教师,要具有成为指导者、咨询者的条件,要运用特殊教育方法为他人提供相应的素材、知识、方法、技巧等,并通过这些使他人去帮助特殊教育需要学生或使其自己获得发展。

2013年徐迅老师从北京联合大学特殊教育专业毕业,来到学校任职。面对一个刚刚走上工作岗位的新老师,如何培养她,如何让她尽快地成长为一名优秀的资源教师就成了学校领导们不断争论的话题,最后达成一致,从以下几个方面着手进行重点培养。

(一)多级培训促专业成长

教师不仅要具备扎实的学科专业功底,具备把握学科前沿、洞察学科发展方向的能力和跨学科的知识技能,还需要具备高效教学和教会所有普通学生和特殊教育需要学生学习所必需的知识技能;教学要有针对性地满足学生的特殊教育需要,帮助他们在学校和社区生活中进行学习、获得成功,并且能够完全融入其中，这也是融合教育理念的基本要求。徐迅虽然是特殊教育专业毕业，但比较年轻，没有教育教学经验。为了让她更快地进入状态，找到做教师的感觉，更科学地开展随班就读工作，学校抓住一切学习机会，支持她参加海淀区特殊教育中心举办的各种专项培训，比如资源教师专项培训、学习障碍、注意力缺陷多动障碍、孤独症等主题的相关培训。

特殊教育需要学生大多存在各种问题行为，因此，教师必须能够掌握有效的干预方法和策略，减少他们的问题行为，培养其良好的行为习惯，以促进其融入班级环境。2013年，徐迅老师参加了沙盘游戏治疗师的培训，获得二级沙盘治疗师的认证；2014年参加PRT关键反应训练，并获得一级认证；2016年参加国际感觉统合教师培训并顺利结业。通过参加国际、国内多种专业培训，徐迅老师开展随班就读工作越来越得心应手，受到了随班就读学生的喜爱、家长们的一致好评、学校领导和特教中心老师们的肯定。

学校多次邀请特殊教育中心的教师进行巡回指导，并请健翔学校于文校

参加专业培训（第一排左一为徐迅老师）

长为学校教师开展专题讲座，同时借助专职教师的优势，聘请首都师范大学特殊教育系专家对学校的随班就读工作进行指导，这些指导为徐迅老师科学运用资源教室、对随班就读学生进行一对一个别教育训练打下了坚实的基础。

另外，为了让徐迅老师在专业成长的道路上少走弯路、加速成长，学校专门为她配备了师父。徐迅老师有自己的特长，擅长计算机、头脑灵活，于是师父和她一起认真分析优缺点，对于好的地方，提出来一起学习，对于不足的地方，帮助其改正，使其在原有的基础上得到一定的发展、进步。在师父李京育老师的课堂上，总能看到她认真听课的身影，一学期的听课量能达到40余节。从备课到上课，都有师父对她进行有针对性的耐心指导，比如教师的仪态、上课的语速等。教师需要真诚接纳所有学生，融合教育的理念强调尊重每个学生特殊的禀赋和需要，努力使每个学生都感到被接纳、安全及成功。师父的引领，帮助徐迅老师在对学生的接纳、了解上更加迅速，对课堂的把控能力显著提升。徐迅老师在学校有计划的培养下快速成长起来，在学校资源教室的科学使用中已经能够独当一面。

（二）参观交流促视野开阔

日常工作中，徐迅经常和本校、外校的教师们交流融合教育思想，不但促进自身的专业发展，还帮助学校内的其他教师了解融合教育，指导随班就读学生的班主任开展工作。她多次参加区特殊教育中心组织的参观交流活动，学习其他学校在资源教室建设、随班就读工作的好方法、好经验。

2015年，学校克服人员、资金等多重困难，批准徐迅老师到南京参观、学习。学习回来后她认真整理学习笔记，撰写学习收获，再结合学校融合教育的实际情况，探索适合本校随班就读工作的发展方向，将别人的内容转化为本校能够使用的合理方法，应用到本校的随班就读工作中来。在外出参观交流中，徐迅老师主动积极地了解新思路和新方法，善于同专家与同行交流、探讨，不断地学习，更新自己的理念，为个人发展奠定了良好的基础。

前往其他地区参观交流（第二排右一为徐迅老师）

（三）搭建平台促业务成熟

"实践是检验真理的唯一标准。"任何理论都是源于实践并且最后返回到实践中去。教师掌握再多的理论，没有实践都是纸上谈兵。为了让徐迅老师能够将所学理论更好地运用于实践，学校为她不断搭建各种平台，以提高她的业务水平。2016年6月，在区特殊教育中心的支持下，北京市资源教师教研组以及海淀区融合教育小学教研组共计50余人到学校听课指导。徐迅老师在师父的指导下，提前备课，预设课堂，准备教具……功夫不负有心人，徐迅老师的一对一个训课——《7+4=11》，得到了听课教师、专家的一致好评。本次活动围绕学科教师的课前课后辅导及教学支持、资源教师以学科知识为载体针对学生薄弱能力训练、专业协作形成教育合力等主题做了深入研讨，极大深化了教师对融合教育课堂教学的认识，取得了很好的效果。

2016年10月，呼伦贝尔特殊教育参观团来学校学习交流。徐迅老师的个训课《这是谁，在做什么？》受到来校参观人员的高度赞誉。评课时，徐迅老师耐心解答现场教师的疑问，再次用扎实的理论功底和丰富的实践经验获得了阵阵掌声。

个训课《7+4=11》《这是谁，在做什么？》展示

在校内举行的师徒结对汇报课、青年教师展示课等活动中总能看到徐迅老师的身影，一堂堂精彩的课，一句句智慧幽默的语言都展现了徐迅老师良好的专业素质和不可复制的成长足迹。

只有脚踏实地的付出，才能有丰硕的成果。徐迅老师用三年的时间，在资源教师队伍中脱颖而出——多篇论文发表、区级展示课、区级心理课题核心组主要成员、区级课题负责人等，这一切成绩的背后都是沉甸甸的努力与拼搏。

四、学校融合教育取得的成绩

（一）一名孤独症学生"摘帽"

经过一段时间的个别训练，有些孤独症学生症状明显减轻。2015年小雨的家长提出申请，认为孩子的各项能力已经接近班级内其他学生的状态，申请取消随班就读。经海淀区特教中心专家多次评估后，同意了家长的申请。在学校后期的观察追踪中，该生能够较好地融入班级的各项活动中，和同学相处较好。

（二）在国家义务教育均衡检查中受到好评

2016年4月28日上午，学校代表北京市海淀区迎来了全国义务教育均衡发展检查小组一行的检查指导。学校在推进义务教育均衡发展中所做的探索得到检查组专家的肯定。

（三）2016年4月2日《人民日报》专题报道

2016年4月1日《人民日报》记者跟踪观察了学校融合教育的开展情况，对个别学生和陪读家长进行了采访，4月2日《人民日报》对学校融合教育做了专题报道，肯定了学校融合教育中的举措和取得的成绩。

（四）2014年学校资源教室被评为优秀资源教室，资源教师被评为优秀资源教师

经过海淀区特殊教育中心的全面评估，2014年，学校资源教室被评为优秀资源教室，同时鉴于徐迅老师在各个方面的突出表现，她被评为优秀资源教师。

学校融合教育的发展模式是"以一带多，以点促面"，即以资源教师的培养带动学校融合教育的发展，以资源教师的成长促进学校融合教育的快速发展。三年多的时间，学校为徐迅老师搭建了专业成长的平台，教师的专业成长又推动了学校融合教育的发展，学校与教师共同创造了融合教育发展的良好态势。

第七章 资源教室的支持与保障

普通学校资源教室的运作与实践离不开各级主管部门的政策保障，也离不开区级特殊教育中心的专业支持与指导。政策确定了资源教室建设的合理性，指明资源教室发展的方向，规范资源教室建设与运作过程。区级特殊教育中心对资源教室的支持主要体现在资源教室申报与建设流程，以及为资源教室提供的专业支持方面。

第一节 资源教室的政策保障

政策的制定和执行是资源教室工作开展有力保障，也是政府重视该工作的直接表现。资源教室政策能为资源教室的发展指明方向，使资源教室的发展逐步规范化，具有较强的政策权威和政策效能。政策不完善，或不能贯彻实行，会导致工作质量不高，流于形式。本节从政策视角来探讨资源教室的支持保障。

一、国家资源教室相关政策发展

（一）鼓励建设资源教室

90年代中后期，我国大陆地区有些学校进行了创建资源教室的尝试，资源教室的出现是为了提高随班就读学生的学习质量[①]。教育部于1994年颁布的《关于开展残疾儿童少年随班就读工作的试行办法》规定："有条件的乡镇中心小学或随班就读残疾学生人数较多的学校要逐步设立辅导室。"这是我国大陆对随班就读工作从政策条文上予以的最早规定。彼时，我国还没有正式提出"资源教室"的概念，而是使用"辅导室"。2001年《关于"十五"期间进一步推进特殊教育改革和发展的意见》提出"支持随班就读学生较多的学校建立资源教室"。为实现其制定的教育目标，2003年教育部发布了《开展建立随班就读工作支持保障体系实验县（区）工作的通知》，其中第八条规定"要以随班就读儿童较多的学校为单位建立资源教室；资源教室对周边随班就读的普通学校要发挥一定的辐射作用"。当时国内在这方面的工作比较薄弱，因此仅仅是鼓励随班就读学生较多的学校建设资源教室，缺少具体明确的规范和要求。

2014年1月1日，国务院办公厅转发了教育部等七部门联合颁布的《特殊教育提升计划（2014—2016年）》（后文简称《提升计划》）。该计划的颁布和实施标志着随班就读工作进入到特殊教育事业转轨的关键时期，资源教室也迎来建设热潮。《提升计划》提出"支持承担随班就读残疾学生较多的普通学校设立特殊教育资源教室（中心）"。随后各省市也相继出台了特殊教育提升计划，并根据提升计划实施方案的总体部署，积极着手建立资源教室。例如，《北京市中小学融合教育行动计划》提出"三年内市级支持100所随班就读工作突出的义务教育学校建立软、硬件完备的示范性资源教室，创建20所市级融合教育示范学校"。然而，大部分省份没有说明建设资源教室明确的时间点、路线图和具体的方法等。有的地方像北京市、广东省同样出台了专门的资源教室建设政策，例如上海市和河南省分别颁布了《上海市普通学校特殊教育资源教室装备配备指南（试行）》和《河南省随班就读资源教室建设与

---

① 李妍伶. 成都市随班就读学校资源教室建设和运作现状与发展对策研究[D]. 成都：四川师范大学，2015.

管理基本要求（试行）》。不过更多的地方则是把资源教室建设方案包含在随班就读指导意见之中。

2017年修订版的《残疾人教育条例》第十六条规定"县级人民政府优先在部分普通学校中建立特殊教育资源教室""支持其他普通学校根据需要建立特殊教育资源教室"。《残疾人教育条例》作为特殊教育总体性专门安排的总政策，在特殊教育政策中具有中心地位，在时间和效力上具有长期性、稳定性、权威性，具有普遍约束力、宏观指导力[1]。因此可知，在逐步完善随班就读保障体系的机制与过程中，资源教室建设被纳入其中，将受到长期支持，逐步增加数量，发挥功能。

国家和地方政策将资源教室作为随班就读支持保障体系的重要环节，列为长期规划，逐步加大资源教室建设的支持力度：从鼓励有条件的学校建设资源教室到支持随班就读学生较多的学校建立资源教室，再到支持更多的学校根据需要建立资源教室。

（二）要求配备设备和教师

1994年的《关于开展残疾儿童少年随班就读工作的试行办法》规定："辅导室配备必要的教具、学具、康复训练设备和图书资料。辅导室应配备专职或兼职辅导教师。辅导教师应当受过特殊教育专业培训，其主要工作是帮助残疾学生学习文化知识，指导学生正确选配和使用助视器、助听器等辅助用具，对其进行康复训练，培养社会适应能力等；帮助随班就读班级教师制订个别教学计划和评估残疾学生的进步情况；宣传、普及特殊教育知识、方法及提供咨询等。"2001年《关于"十五"期间进一步推进特殊教育改革和发展的意见》提出资源教室"配备指导教师，为残疾学生提供教学指导，帮助他们解决学习困难"。2003年《开展建立随班就读工作支持保障体系实验县

---

[1] 王培峰.中国特殊教育政策：总体结构及其问题——基于特殊教育政策文本的分析[J].中国特殊教育，2015（06）：70-78.

（区）工作的通知》中规定"资源教室要配置一些教具、学具和图书资源等，条件允许的还要添置一些康复设施。资源教室要配有专职或兼职教师。资源教室要对本校随班就读学生进行针对性教育，对学校教师学习特殊教育的理论与教育教学方法提供支持，对学校其他正常学生进行理解、关心、帮助残疾儿童的教育。同时，资源教室对周边随班就读的普通学校要发挥一定的辐射作用"。2014年《提升计划》指出资源教室"配备基本的教育教学和康复设备，为残疾学生提供个别化教育和康复训练"。

基本上所有涉及资源教室的政策文件中均强调了要给资源教室配备专业的设备和资源教师，这两项是开展资源教室方案必备的材料和主要实施者。但是，它们并没有具体说明专业设备的配备方案和资源教师的资格，资源教师的职责规定也模糊不清。这就导致大部分学校无法落实资源教师的专职名额，资源教师一般还兼任其他工作，有的还是学校的行政干部，这在一定程度上限制了资源教师投入随班就读工作的时间和精力。而且，很多资源教师不具备多方面的能力或专业素养，无法满足服务类型复杂多样的特殊学生的需要。

（三）提供经费支持

《特殊教育提升计划（2014—2016年）》中"随班就读、特教班和送教上门的义务教育阶段生均公用经费参照上述标准执行"的规定可在一定程度上解决资源教室的经费。2015年财政部、教育部颁布的《特殊教育补助资金管理办法》指出"特殊教育补助资金支持特教资源中心（教室）建设，为资源中心和义务教育阶段普通学校的资源教室配备必要的特殊教育教学和康复设备"，此即为资源教室的建设提供了财政保障，多地方因此设立了资源教室建设专项资金。然而，每年各个地区特殊教育专项经费数额不确定，因此从特殊教育专项经费中划拨的方式不能作为常规经费开支使用[①]。

---

① 彭霞光. 把握资源教室建设指南的精髓，健全随班就读支持保障体系 [J]. 现代特殊教育，2016（05）：5-7.

（四）出台专门的政策

上述政策文件都是对资源教室的宏观规定，虽然指明了建设资源教室的发展方向，但是对资源教室建设、运行与评估等问题缺少具体而明确的规范。这易导致资源教室方案流于形式，无法有效发挥其功能。令人欣慰的是，在资源教室建设比较有成效的北京、上海和广东省相继出台了专门的普通学校资源教室建设文件后，2016年教育部颁布《普通学校特殊教育资源教室建设指南》（以下简称《指南》）。该《指南》作为单列的资源教室政策，具有全面、针对性强、权威性高、效力大等特点。《指南》规定了资源教室建设的总体要求、功能作用、基本布局、场地及环境、区域设置、配备目录、资源教师、管理规范等，并提供了《普通学校特殊教育资源教室配备参考目录》[1]，对资源教室管理及推广具有重大意义。不过各地区学校仍需根据实际教学需要，赋予资源教室丰富的功能内涵与服务外延。

二、北京市资源教室政策发展

（一）较早探索，重视政策保障

1997年北京市在宣武区后孙公园小学建立第一个资源教室，在全国较早开始探索资源教室的随班就读专业支持模式。经历近20年的发展，北京市普通学校的资源教室建设取得了较大的成绩，并在这个过程中非常重视政策建设。

2005年北京市教委发布了《关于全市各区县开展建立随班就读工作支持保障体系工作的通知》，明确提出要加强资源教室的建设，使之成为随班就读工作支持保障的一项重要举措。为进一步加强对资源教室的规范化建设，充分发挥其作用，北京市教育委员会同年又特别制定了《北京市随班就读资源

---

[1] 教育部办公厅. 普通学校特殊教育资源教室建设指南[J]. 现代特殊教育，2016（03）：9-12.

教室建设与管理的基本要求（试行）》，以此指导学校建好、管好、用好资源教室，在国内率先制定单列的资源教室政策。这份文件主要内容包括：资源教室的硬件管理（设备管理、资源管理、档案管理）；资源教室的软件管理（资源教师管理、学生管理）；资源教室的业务工作管理（诊断评价、教育训练、咨询指导等）。同时，这份文件明确了资源教师工作职责，主要包括：对随班就读学生的个案管理、学习训练、康复训练、心理咨询；对随班就读教师的教育策略支持、特殊教育理论的培训以及对随班就读学生家长咨询指导、教育方法支持等；中学的资源教师职责中还增加了升学专业指导以及就业指导等[1]。资源教室功能和职责的明确，保障了资源教室运作的方向，使资源教室从一个物化的教室转化为一个通道、一个平台、一个载体、一种机制，发挥了在学校随班就读工作中的支持作用，使资源教室的功能得到了有效的发挥，促进了北京市随班就读工作的健康发展[2]。

2013年北京市出台的多项随班就读政策均强调了资源教室的建设与运作保障。《关于进一步加强随班就读工作的意见》中明确规定"在接收5名及以上随班就读学生的学校建立资源教室，或建立区域资源中心[3]"。《北京市残疾儿童少年随班就读工作管理办法（试行）》要求资源教室要按照《北京市随班就读资源教室建设与管理的基本要求（试行）》进行建设。《北京市中小学融合教育行动计划》明确提出"三年内市级支持100所随班就读工作突出的义务教育学校建立软、硬件完备的示范性资源教室，创建20所市级融合教育示范学校"。这些政策反映出北京贯彻融合教育理念的决心：在资源教室的建设上，有较为明确的时间点和数量目标要求；在资源教室的管理制度建立上，注重建立有效、长效的服务运作机制，有利于政策实施，保障资源教室功能

---

[1] 孙颖.北京市资源教室建设现状与发展对策[J].中国特殊教育，2013（01）：20-24.

[2] 潘镭，张延书.完善随班就读支持保障体系，推动宣武特教内涵发展[J].中国特殊教育，2008（01）：93-96.

[3] 北京市教育委员会等.关于进一步加强随班就读工作的意见[Z]，2013-01-11.

可持续发展。

(二)先行先试,积累经验

北京市是资源教室开展较早,且在全国属于较为成熟的地区,因此会先于国家制定某些政策法规,其先行先试为国家立法的完善积累相关经验。例如,国家的政策文件中一般只简单要求"随班就读学生就读较多的学校建立资源教室",并没有具体规定达到多少数量后要建立资源教室。2013年北京市《关于进一步加强随班就读工作的意见》中则明确规定"在接收5名及以上随班就读学生的学校建立资源教室,或建立区域资源中心",2016年教育部出台的《普通学校特殊教育资源教室建设指南》便提出"招收5人以上数量残疾学生的普通学校,一般应设立资源教室。不足5人的,由所在区域教育行政部门统筹规划资源教室的布局,辐射片区所有随班就读学生,实现共享发展"。又如,北京在2005年便出台实施了《北京市随班就读资源教室建设与管理的基本要求(试行)》,这便为其他地区建设资源教室提供了参考,在这个过程中发现问题和总结经验,从而为中央制定专门的资源教室政策文本积累了经验。

三、海淀区资源教室政策发展

我国基本法律、法规和政策是国家对资源教室建设的强有力保障,北京市相关文件对市整体资源教室建设做出了更进一步的规划,但具体实施细则还需要落实到各区实际工作上。海淀区在区教育发展规划及特殊教育实施细则与意见或管理办法中也都不同程度地对资源教室的建设和运行做出了规定。

2008年,海淀区教委印发了《海淀区普通学校特殊教育资源教室管理办法》《海淀区普通学校资源教师和随班就读辅导教师管理办法》(后简称《管理办法》),对普通学校资源教室建设与资源教师发展进行了规定,规范了资源教师任职条件、资源教师主要职责，还对奖励与津贴进行了规定。《管理办法》还规范了资源教室的管理与申请流程，保障了区域资源教室建设与运作的顺畅进行。2011年《海淀区"十二五"时期教育发展规划》提出"推进普通学校建设资源教室工作"。2015年，海淀区基教一科与区特殊教育中心共同出台了《关于进一步加强融合教育工作的指导意见》，要求切实做好融合教育机制保障，对师资培训和资源教室提出了管理办法。2016年《海淀区"十三五"时期教育改革和发展规划》提出要"加强融合教育支持保障系统建设，再增加50个资源教室，努力做到有特殊教育需要的学校全部配备资源教室和康复设施"，并"加强特殊教育研究指导，成立特殊教育研究和指导中心，提升特殊教育教师师资专业化水平，加强对融合教育学校、资源教室建设的服务和指导"。

海淀区贯彻国家和北京市的政策精神，持续推进资源教室建设，并逐渐规范资源教室从申请到建设再到运行中的具体管理与实施，努力从制度上推进资源教室作为区域随班就读保障的长效机制。

第二节　资源教室的建设流程

普通学校资源教室的建立需经过严格的流程，在此过程中，区特殊教育中心发挥着重要作用。为规范资源教室在建设过程中的管理和指导，海淀区特殊教育中心制定了《海淀区资源教室项目工作流程》《海淀区资源教室项目申报资料内容及审核要求》《海淀区资源教室项目申报要求及资金使用标准》《海淀区资源教室仪器设备配备标准细则》《海淀区资源教室项目实施方案》《海淀区资源教室建设方案确认函》《海淀区资源教室建设评估表》《海淀区资源教室建设评估验收申请表》《海淀区资源教室建设自评表》等多项方案及规定，从而确保资源教室建设过程的科学性与规范性。

一、资源教室建设的总体流程

经过多年的实践与总结，海淀区形成了"申请—审核—批复—指导—评估"的资源教室建设流程模式，每个阶段都分别对应不同的步骤，如图7-1所示。在资源教室建设过程中，区教委负责对项目进行总体管理，区特殊教育中心承担核心任务，专家对项目进行评审，学校提出申请并在得到批复后对资源教室项目加以具体实施。

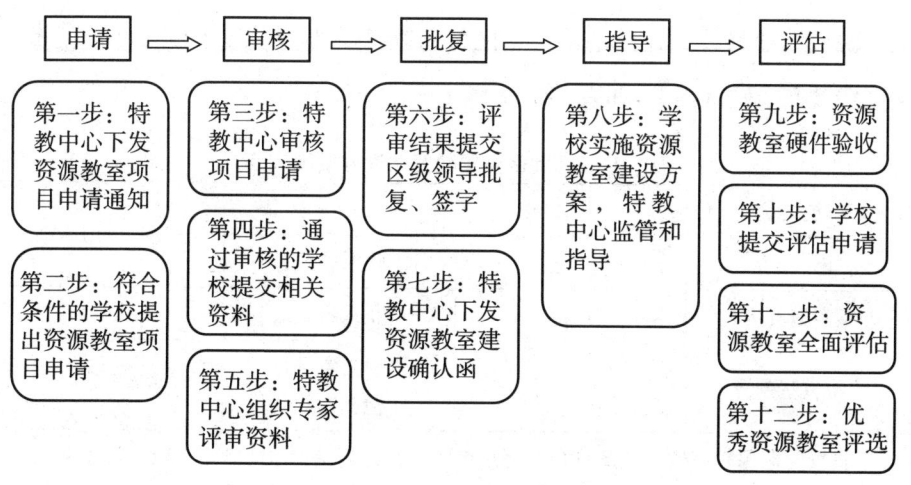

图7-1 资源教室建设流程

二、资源教室建设的具体步骤

（一）资源教室项目申请

普通学校提出资源教室项目申请是资源教室建设的第一个阶段，申请时需提供如下八项书面材料：项目申报书、项目支出绩效目标申报表、关于建设资源教室的申请、随班就读学生统计表、资源教室建设方案及预算、资源教室项目实施方案、学校整体情况介绍及说明、资源教室项目支出明细。

（二）资源教室项目审核

海淀区特殊教育中心首先对普通学校提交的资源教室项目申请进行初步

审核，通过审核的学校需进一步提供详细的资源教室申请资料。之后，特殊教育中心邀请领域内专家依据《普通学校特殊教育资源教室建设指南》，对学校提交的所有材料进行再次审核，作为资源教室审核的最终结果，并由特殊教育中心提交到教委主管领导处。

（三）资源教室项目批复

区教委资源教室项目主管领导对资源教室审核结果做出批复，并正式确定资源教室项目校。在此基础上，区特殊教育中心为学校下发《海淀区资源教室建设方案确认函》，如表 7-1 所示。

表 7-1 《海淀区资源教室建设方案确认函》

学校名称			
校　长		联系方式	
方案实施负责人		联系方式	
资源教室预算		资源教室硬件检查时间	
贵校的资源教室建设方案符合《北京市融合教育资源中心（教室）仪器设备配置标准》，已经通过区特殊教育研究与指导中心资源教室专家小组审核，可以按照方案实施建设，并积极做好接受市、区级硬件检查的相关准备工作。 主管领导签字：_____ 海淀区特殊教育研究与指导中心（公章） 　　　　　　年　月　日			

（四）资源教室建设指导

学校在资源教室建设项目申请成功后，需根据最初提交的《资源教室建设方案及预算》《资源教室项目实施方案》进行建设。为保证资源教室建设符合规范，特殊教育中心往往会提供硬件设备、功能分区、环境布置等多方面的建议与指导。在资源教室建成之后，特殊教育中心会为资源教师提供开展教学活动的专业指导。

(五)资源教室评估

为确保资源教室建设的质量及功能的有效发挥,特教中心会组织包括教委领导、特教中心领导、专家等组成的评估小组对普通学校资源教室开展硬件评估与全面评估。硬件评估主要针对新建资源教室,评估内容包括资源教室的环境规划、设备器材、功能区设计、建设完成时间与建设过程性材料等方面。全面评估是对资源教室功能发挥的综合评估,评估内容包括主管领导汇报、实地察看建设情况、资源教师训练课、档案资料、与教师和学生座谈等方面。

第三节 资源教室的专业支持

海淀区特殊教育中心在融合教育工作中起关键作用,承担着对区域内融合教育学校进行教育培训、巡回指导、经验交流、教学督导、提供咨询的职责,能够为资源教室的建设与正常运行提供专业支持与保障,主要体现在以下方面。

一、资源教室建设

随班就读学校在着手建立资源教室时,特殊教育中心可根据学校的具体情况,参照《普通学校特殊教育资源教室建设指南》,为学校资源教室提供硬件设备、功能分区、环境布置等方面的建议。此外,因为特殊教育中心有教学督导的责任,在普通学校建设资源教室的初期,会要求和协助学校建立资源教室管理制度,并指导形成资源教室规范的运作流程。

二、协助筛查评估

从学生特殊教育需要的发现和确认,到个别化教育计划的制订与修订,再到教育教学过程中的评估,直至对学生教育状况的追踪,无不渗透着评估活动的踪迹[①]。

特教中心期望建立起班主任—资源教师—巡回指导教师三层的筛查评估体系。首先是由班主任初步筛出班级里行为、情绪或者认知等方面与其他同学差异较大的学生,然后由资源教师对这些学生进行观察和评估,通过班级环境调整和资源教室服务相结合的方法予以干预。有时候干预没有效果,有些资源教室没有评估工具,或有些资源教师的专业能力不足以完成评估,这种情况下会转到特殊教育中心的巡回指导教师这一筛查评估层面。巡回指导教师会指导随班就读教师和资源教师如何搜集资料,帮助联络专业机构(如医院),提供某些专业评估(如认知能力评估、语言筛查评估、动作发展水平评估、阅读及书写能力筛查和适应行为评估等),以及向学校和家长解读评估结果,提供教学意见。

对学生进行评估

三、指导课程与教学

资源教室采用抽离式或外加式的课程与教学形式,特殊教育需要学生的多样性和复杂性决定了资源教师必须根据每一个学生的特殊需要设计课程与教学。然而在我国大陆地区,大部分的资源教师来自于普通学校,在对特殊

---

① 刘明,邓赐平.美英特殊儿童评估现状及启示[J].中国特殊教育,2009(09):14-18.

教育需要学生提供个别化教育、康复训练和生活辅导上会经常遇到困难。区县特殊教育中心/特殊学校可为资源教师遇到的教育困难提供咨询服务，还可委派巡回指导教师深入到普通学校，协助资源教师一起对随班就读学生开发资源教室课程，并开展相应的教学活动。

巡回指导教师对资源教师进行课程与教学指导

四、提供专业培训

资源教师作为规划、建设、运用和管理资源教室的特殊教育教师及相关专业的人员，是资源教室运作的核心和关键[1]。资源教师的工作职责包括特殊教育需要学生的评量、咨询、教学与康复，以及普通教师及家长的咨询等。在一定意义上，资源教师的培养和培训比资源设备的添置显得更为紧迫和重要[2]。《北京市随班就读资源教室建设与管理的基本要求（试行）》强调资源教室配备固定的资源教师，且资源教师必须接受过一定学时的专业培训，取得上岗证书或有一年以上的工作经历。《北京市残疾儿童少年随班就读工作管理办法（试行）》要求"区县特殊教育中心要指导学校资源教室的建设和资源教师的培训"。

---

[1] 王振德.资源教室的理念与实施[J].中国特殊教育，1997（3）：22-26.
[2] 陈云英，周卫.中国一体化教育改革的理论与实践——上海市随班就读教育改革[M].北京：新华出版社，1997：46.

为落实文件精神，改善目前资源教师专业能力不足的现状，海淀区要求资源教师持证上岗，并且要求海淀区特殊教育研究与指导中心为资源教师提供岗前和在职培训课程。

岗前培训课程内容为：（1）特殊教育课程，包括特殊教育导论、资源教室管理与运作、IEP 的制订与实施、随班就读课堂教学策略 4 门课，共计 20 学时；（2）心理学课程，包括儿童智力测量、孤独症儿童的诊断与评估、情绪障碍儿童教育训练、心理咨询、适应性行为的介绍与评估、学习障碍儿童教育训练、语言障碍儿童的教育训练 7 门课，共计 35 学时；（3）教育实践课程，包括感统训练、箱庭治疗、图片沟通系统 3 门课，共计 15 学时；（4）教育实习，是指通过教学实践的形式让学员制订个别化教育计划，并设计课堂教学活动，共计 10 学时；（5）考核评价，结合学员的出勤、平时学习情况、作业完成情况以及期末实操考核进行考核评价，对考核合格者颁发海淀区资源教师上岗资格证书。目前，海淀区特殊教育研究与指导中心已经连续开展四期资源教师上岗培训，已有 161 名教师完成 80 学时的培训，取得海淀区资源教师上岗资格证书。

资源教师取得上岗证书之后，以研讨会、工作坊、教研活动等形式定期进行在职研修，并参加语言训练、动作训练、结构化教学等教育教学技能提升研修班，提升康复技能，更好地为学生服务。自 2014 年海淀区特殊教育研究与指导中心开办资源教师技能提升研修班以来，已开展孤独症、学习障碍以及情绪行为障碍学生教育策略的专项培训，提升资源教师的专业素养。2014 年，42 人完成 30 学时的学习；2015 年，50 人完成 16 学时的学习。

资源教师上岗培训与专项培训

五、验收与评估

目前,我国的资源教室建设进行得如火如荼,新建资源教室如雨后春笋般快速增多。为此,必须保证资源教室建设的质量,只有初期的创建符合标准,后期才能正常运行,因此必须要对新建资源教室开展验收工作。该项工作应该由区教委和特殊教育中心的专业人员组成的验收团队完成。

资源教室评估是对资源教室作出价值判断,促进资源教室不断完善的过程。《普通学校特殊教育资源教室建设指南》指出"区域内特殊教育指导中心或特教学校要对区域内资源教室的运行及成效进行考核评价,并将结果上报主管教育行政部门"。

《北京市随班就读资源教室建设与管理的基本要求(试行)》规定学校应每年一次按标准进行自我评估,同时强调对资源教室的工作进行评价,评估内容包括管理、人员、硬件软件、功能机制、效益五个方面。资源教室的硬件评估包括环境规划、设备及器材、功能区设计、建设过程性材料等方面的内容。资源教室的全面评估既包括对资源教室总体建设情况的评价,还要实地观摩和评价资源教师的训练课,此外还要对档案资料进行查阅,与资源教师和学生进行座谈。

结　语

　　资源教室的支持与保障是确保普通学校资源教室正常且高效运行的关键因素。从国家到北京市以及海淀区各层级关于资源教室的相关规定为资源教室的建设与运作提供了完备的政策保障。特殊教育中心在资源教室的建设过程中处于核心地位,经过多年的实践,海淀区已形成"申请—审核—批复—指导—评估"五个阶段的资源教室建设流程。此外,特教中心还为资源教室提供建设指导、课程教学指导、教师培训等多方面的专业支持,从而保障了资源教室功能的充分发挥。

第八章　资源教室的评估

资源教室的建设与运作是推进普通学校融合教育工作的关键支撑，对全面提高融合教育质量具有不可替代的重要作用。对资源教室建设与运作的监管是区教委、区特殊教育中心的重要工作内容和职责。为了更规范地监管资源教室专项资金的使用、资源教室的建设与运作情况，2011年，海淀区率先在区内开展了资源教室全面评估工作，也成为北京市第一个对资源教室进行区级评估的区。截止2016年年底，海淀区连续六年对65所资源教室开展了全面评估工作；随着资源教室建设工作的推进，2013年，海淀区将资源教室的建设资金由20万提高到50万，对资源教室专项资金的监管也自然成了资源教室建设的重要保证，因此，海淀区又对资源教室的建设进行了硬件评估。由此，每年4月开展的全面评估和11月的硬件评估工作构成了海淀区资源教室评估的完整体系。

第一节　资源教室硬件评估

每年11月底，特殊教育中心会开展对区内本年度新建资源教室的硬件评估活动。这是海淀区监管资源教室专项资金落实情况的重要举措，得到了各个学校的大力支持。

一、硬件评估的目的

硬件评估的主要目的是查看资源教室的建设情况，检查是否按照预算进行建设；了解资金的使用情况，是否按照学校和学生的实际需要建设。这项评估工作不仅可以使海淀区资源教室建设的经费管理更加规范化与科学化，也能总结、提升资源教室的建设经验与特色，以便及时发现问题，改进工作。

二、硬件评估的内容

由海淀区教委基教一科、财务科、人事科、特殊教育中心相关领导和负责人组成的硬件评估工作小组，根据《海淀区新建资源教室硬件评估标准》（如表8-1所示），走进学校查看资源教室的硬件建设情况，听取主管领导对资源教室建设情况的汇报。汇报内容主要涉及资源教室的环境规划与运用、设备及器材的配置、功能区设计理念、是否按时完成以及在建设过程中的一些重要的过程性材料等。

表 8-1 海淀区新建资源教室硬件评估标准

学校					评估时间		
一级指标	二级指标	评价要素（占总额）	要素要求		信息收集方法	验收情况	
						合格	问题描述
环境规划与运用	基础装修装饰类	不超过总预算的10%	1. 场地专用 2. 面积达标 3. 地面、门窗等达到标准		现场查看查阅建设方案		
	日常办公类	不超过总预算的10%	常规、办公、视听设备		现场查看查阅建设方案		

续表

学校				评估时间		
一级指标	二级指标	评价要素（占总额）	要素要求	信息收集方法	验收情况	
					合格	问题描述
设备及器材	图书音像资料	不超过总预算的10%	各类障碍儿童的特殊教育专业书籍和训练手册	现场查看查阅建设方案		
	个案管理类	不超过总预算的5%	个案管理系统或者资源教室管理系统	现场查看查阅建设方案		
	测量与评估类	不超过总预算的5%	各类障碍儿童的评估量表、器材等	现场查看查阅建设方案		
	康复训练类	不少于总预算的50%	训练软件及器材 1. 小学资源教室必须配备感觉统合训练器材 2. 中学资源教室必须配备职业劳动训练器材	现场查看查阅建设方案		
	心理类	不超过总预算的10%	一定的心理类测评软件和器材	现场查看查阅建设方案		
功能区设计	功能区规划	区域合理	办公区、接待区、诊断/咨询区、观察/训练区、康复训练区、教学资源区、阅读/会议区等	现场查看		

续表

学校				评估时间		
一级指标	二级指标	评价要素（占总额）	要素要求	信息收集方法	验收情况	
					合格	问题描述
建设完成时间	按时完成	12月15日之前	1. 硬件到位 2. 有专职/兼职资源教师	现场查看		
建设过程性材料	验收清单	齐备	1. 资源教室评审报告/建设方案 2. 确认函 3. 合同 4. 相关支出凭证	现场查看提交复印件		

三、硬件评估的要求

对资源教室新建校的评估，是第一次对学校资源教室工作的全面了解，因此对学校提出了相关要求：一是提供资源教室评审报告/建设方案、资源教室建设确认函、建设合同和相关支出凭证的复印件，以了解专项资金的使用情况；二是配合完成《海淀区新建资源教室硬件验收工作信息表》（如表8-2所示），以便清晰明确地了解资源教室的基本建设情况，完善学校融合教育管理层信息；三是在评估活动结束后，将加盖公章的资源教室硬件建设情况报告书、活动照片（以光盘的形式）上交特殊教育中心，以备案存档。

表 8-2　海淀区新建资源教室硬件评估工作信息表

学校名称 （盖公章）			
校　长		联系方式	
主管领导		联系方式	
资源教师		联系方式	
随班就读人数			
项目经费总额			
资源教室 建设完成时间		资源教室 硬件检查时间	
项目级别	□市级		□区级
资源教室评审 报告\建设方案	□资源教室评审报告		□资源教室建设方案
确认函	□有		□无
合　同	□有		□无
相关支出凭证	□有		□无
备　注			

资源教室硬件评估工作，走进学校持续 1~1.5 小时，这是对区级新建资源教室的阶段性监管。评估小组通过听取资源教室建设与运作的情况、发展过程中遇到的问题与经验分析的汇报，可以对资源教室项目的完成进度和项目资金使用情况有了一个全面的概览，同时也会发现学校在资源教室建设中存在的一些问题：如（1）学校在发挥了自身优势资源，充分调动人力物力的基础上，对资源教室的设备设施配备还需要根据学生们的年龄、生理及心理实际需要进行调整；（2）对于新建资源教室的运作和使用，需结合全校随班就读工作，并与区内已运作多年的优秀资源教室多加交流，互相借鉴，站在科学的角度上研究问题，共同成长进步。

第二节　资源教室全面评估

对资源教室进行全面评估是检查学校资源教室运作工作的重要途径，是对硬件评估的升级，更加重视对资源教室软件情况的评估，可以说是对学校融合教育工作的督导。因此，内容全面、程序规范的资源教室全面评估活动引起各学校的高度重视。每年4月，由海淀区特教中心牵头组成的资源教室评估小组，都会针对上一年新建资源教室的运作情况进行全面评估。

一、全面评估的目的

资源教室全面评估的主要目的有：一是推进资源教室的实效运行，切实发挥资源教室在学校随班就读工作中的支持作用；二是深入到学生、教师中间，调查、了解资源教室在运作中出现的真实问题与需求，以便发现问题、改进工作，为今后资源教室管理和资源教师培训提供依据；三是总结、提升资源教室的经验与特色，为区内其他学校提供借鉴经验。

二、全面评估小组

资源教室全面评估是教委多部门协同合作的一项重要工作，一般会由特教中心牵头。为提高资源教室评估工作的科学性和专业性，评估小组的成员不仅包括教育主管部门的基础教育科、人事科、财务科的领导，还包括融合教育骨干学校的领导及资源教师，以及来自北京师范大学、中国教育科学研究院等资源教室建设与运作方面的专家，从多角度、有针对性地为每个资源教室的建设与运作提出建议和意见，提高评估的品质。

三、全面评估流程

为规范资源教室全面评估，海淀区制定了一套资源教室评估流程。首先，拟接受评估的资源教室填写《资源教室建设评估申请表》(如表 8-3 所示)，并上报到区特殊教育中心。然后，学校按照《海淀区资源教室建设检查评估表》对本校的资源教室建设工作进行自查、自评，填写自评表，完成自评报告，并在资源教室检查时上交。最后评估小组在随班就读学校进行为期半天的现场评估活动，评估内容涵盖资源教室工作的全部，包括：学校资源教室工作汇报、资源教室运作特色展示、资源教室工作档案、与教师和学生座谈。

表 8-3　海淀区学校资源教室建设评估申请表

学校名称		校长姓名		联系电话	
主管干部姓名		职务		联系电话	
资源教师姓名		所学专业		联系电话	
随班就读人数		资源教室运作时间			
我校申请第　　批接受区教委、区特教中心的资源教室评估检查。 　　　　　　　　　　　　　　　　　　　　　　　学校（公章） 　　　　　　　　　　　　　　　　　　　　　　　　年　　月　　日					

四、全面评估的内容

全面评估是针对资源教室软件建设工作的检查，主要涉及资源教室的运作情况、资源教室训练课、档案资料及与师生座谈等内容。具体如下：

（一）听取校长或者主管领导就资源教室的管理与运作情况所做的汇报。汇报内容主要包括：资源教室建设专项经费落实情况；资源教室建设基本情况；资源教室管理与运作情况；资源教师的配置与培养情况；资源教室使用情况及实效；资源教室建设与运行经验、存在的问题、面临的困难及改善思路等；对区教育管理部门和业务指导部门的意见或建议；与学校资源教室工作有关的其他事宜。主管领导汇报时间不超过15分钟。

学校主管领导汇报资源教室情况

（二）实地察看资源教室建设情况。主要查看资源教室设备的摆放、空间布局、区域划分、环境布置等。

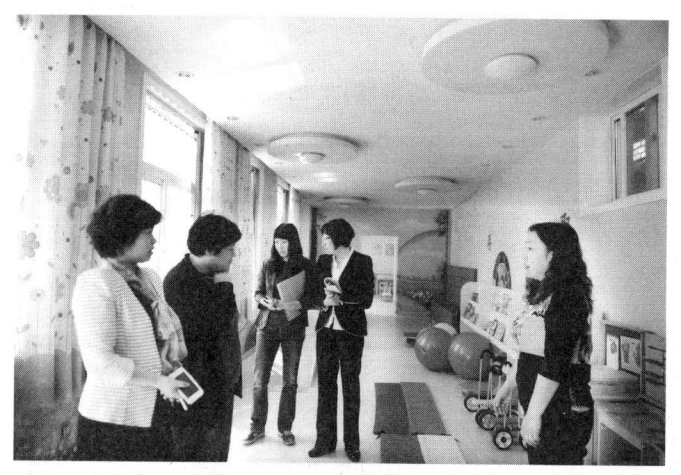

实地察看资源教室建设情况

（三）观摩、评测资源教师教育训练课。要求资源教师明确教学目标、设计适合的教学内容与过程、选择适当的教学器材与设备、使用有效的教学资源策略等，通过训练课展现资源教师对教育康复理念的理解和运用能力、学情分析能力、教学设计能力以及教学反思能力。专家们根据《海淀区资源教室训练课评价标准》对训练课进行评价。资源教室训练课一般不超过30分钟。评估小组通过听课，发现一批能力强、素质高、热爱随班就读工作的资源教师，为海淀区储备了一批高素养的特殊教育人才。

观摩资源教室训练课

（四）查阅档案资料。要求学校按照《海淀区资源教室检查评估档案目录》对档案资料进行编号，以方便评估小组查阅。

查阅资源教室档案资料

（五）与资源教师和学生进行座谈。使用《海淀区资源教室检查活动访谈提纲》对随班就读学生和资源教师展开15分钟的访谈。

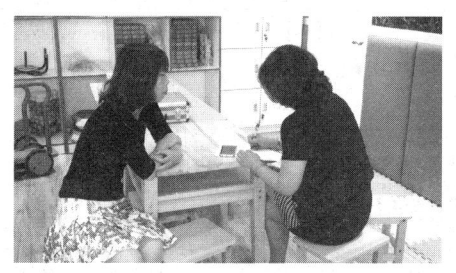 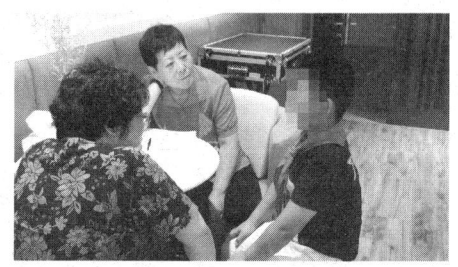

对资源教师和随班就读学生进行访谈

五、全面评估活动方案

以海淀区资源教室全面评估活动方案及具体安排为例，完整地呈现海淀区资源教室全面评估的流程性资料。

海淀区资源教室检查活动方案

资源教室的建设与运作工作是我区随班就读工作保障体系的重要部分。为落实《北京市中小学融合教育行动计划》（京政办函〔2013〕24号）和《关于进一步加强随班就读工作的意见》（京教基二〔2013〕1号），推进全区资源教室建设与运行发展水平，区教委决定对去年新建的市、区级资源教室开展检查评估工作。现将我区资源教室评估活动的有关事宜安排如下：

一、检查目的

1. 总结、提升资源教室的经验与特色，发现问题、改进工作；

2. 对各中、小学的资源教室工作进行考核、评估；

3. 加强海淀区资源教室建设，充分发挥资源教室的作用，使资源教室建设与运作工作规范化、科学化。

二、检查内容

1. 听取校长关于资源教室建设与管理的汇报（15分钟）；

2. 实地察看资源教室建设情况；

3. 观摩、评测资源教师教育训练课（30分钟）；

4. 查阅资料，并与资源教师和学生进行座谈（15分钟）。

三、参加检查人员

1. 海淀区教育委员会主管领导

2. 北京市特殊教育专家/北京师范大学专家/中国教育科学研究院专家

3. 海淀区市、区级融合教育教研组教研员

4. 海淀区特殊教育中心领导及负责人

四、检查活动安排及要求

（一）填写《海淀区资源教室评估检查基本情况表》（见附件1），加盖公章，并在资源教室评估时上交。

（二）下校检查

在学校进行为期2小时的现场评估活动，按照《海淀区资源教室建设评估活动下校工作安排建议》（见附件2）进行安排。

要求：(1) 各校根据《海淀区资源教室建设与运作情况汇报提纲》（见附件3）准备报告，并制作成PPT，进行15分钟汇报；

(2) 资源教师教育训练课不限形式，突出特色与创新；

(3) 档案资料按照"资源教室检查评估档案目录"编号，以方便查阅；

(4) 请选取1-2名随班就读学生进行座谈；

(5) 评估活动结束后，请各校将相关资料上交给区特殊教育中心。电子版发邮箱：hdtjzx2012@126.com。

五、评委工作内容及安排

1. 积极参与检查工作，认真听取报告、听评训练课，以公正、公平和公开的原则填写《海淀区资源教室检查评估表》（见附件4）和《海淀区资源教室教育训练课评价表》（见附件5），并在评估工作结束后上交给特殊教育中心相关负责人；

2. 根据《海淀区资源教室检查评估档案目录》（见附件6）认真查阅档案，使用《访谈提纲》（见附件7）耐心与教师和学生座谈，并做好相关记录；

3. 当每所学校的检查工作结束后，请评委小组对学校的资源教室工作做最终评价和反馈意见。

海淀区教育委员会
北京市海淀区特殊教育研究与指导中心

附件1：海淀区资源教室检查评估基本情况表

学校：								联系方式：			
学校主管领导			资源教室		资源教师姓名	是否有上岗证书	专兼职情况				随读生情况
姓名	职务	电话	面积	功能分区			专职	兼职	学科①	节数②	总数	障碍类别

附件2：海淀区资源教室检查活动工作安排建议

一、准备工作

1. 主会场横幅（模板）

海淀区资源教室检查评估活动
××学校　　月　日

2. 准备日程表和校长汇报的报告（每位评委一份）

---

① 学科：指任资源教室工作之外所任的学科。

② 节数：指任资源教室工作之外所任学科的节数。

3. 照相、摄像要求：全程照片，片段摄像

二、评估内容（顺序可根据情况调整）

序号	内容	时间	要求
1	校长汇报	15 分钟	以图文并茂的 PPT 汇报工作
2	资源教师教育训练课	30 分钟	特色活动，形式、内容不限
3	资源教室工作档案查阅	15 分钟	依据《档案目录》准备相关档案
4	座谈		与查阅档案同时进行
5	点评	10 分钟	专家及教研员对学校资源教室工作进行点评

三、要求

评估结束后，请各学校将校长报告、活动照片和录像（以光盘的形式）上交区特殊教育中心。

附件 3：资源教室建设与运作情况汇报提纲

1. 资源教室建设专项经费落实情况；

2. 资源教室建设基本情况；

3. 资源教室管理情况；

4. 资源教师配备情况；

5. 资源教室使用情况及实效；

6. 资源教室建设与运行经验、存在的问题及改善思路等；

7. 对区教育管理部门和业务指导部门的意见或建议；

8. 与资源教室工作相关的其他事宜。

附件4：海淀区资源教室检查评估表

学校　　　　　　　　　填表人

一级指标	分值	二级指标	分值	评价要素	分值	要素要求	评分标准 合格 一等	评分标准 合格 二等	评分标准 合格 三等	不合格	信息收集方法	自评得分	扣分简要分析
环境规划与运用	10	基本条件	4	场地、面积、基础设施	4	场地专用；面积达标；地面、门窗等达到特教学校教室标准	4	3	2	1	查看		
		设备及功能区	6	设备	3	常规、办公、视听设备	3	2	1	0	查看		
				功能区规划	3	办公区、接待区、诊断/咨询区、观察/训练区、康复训练区、教学资源区、阅读/会议区等	3	2	1	0	查看		
资源教室管理	40	管理系统	10	领导职责及经费保障	5	明确分管领导和具体工作人员，经费到位，保障运作正常	5	4	3	2	听取汇报 查阅档案		
				规章制度	5	工作流程简单明了；方法具体	5	4	3	2	听取汇报 查阅档案		
		时间规划与分配	5	学期计划	5	制订运作方案，包括内容、课程表等	5	4	3	2	听取汇报 查阅档案		

续表

学校　　　　　　　　　　　　　　　　　　　　　　　填表人

一级指标	分值	二级指标	分值	评价要素	分值	要素要求	评分标准				信息收集方法	自评得分	扣分简要分析
							合格			不合格			
							一等	二等	三等				
资源教室管理	40	学生管理	25	转介程序	5	包括：转介申请、教育安置等	5	4	3	2	听取汇报 查阅档案		
				个案管理	10	包括咨询、安置、诊断、与任课教师一起拟订和实施IEP等	10	8	6	4	听取汇报 查阅档案		
				质量考核	5	在诊断的基础上，进行学习、康复、心理咨询等	5	4	3	2	听取汇报 查阅档案		
				档案管理	5	包括学生个别化教育计划、教学、康复训练日志等	5	4	3	2	查阅档案		
教学资源	25	训练资源	5	测查评估、图书音像、玩教具资源	5	包括各类诊断评估量表、视听工具、感觉统合器材等	5	4	3	2	查看		

续表

学校： 填表人：

一级指标	分值	二级指标	分值	评价要素	分值	要素要求	评分标准 合格 一等	评分标准 合格 二等	评分标准 合格 三等	不合格	信息收集方法	自评得分	扣分简要分析
教学资源	25	课程与工具	20	课程设计	10	有一套适合学生的训练课程	10	8	6	4	听取汇报 查阅档案		
				工具的运用	10	使用评估测查工具对学生进行初步的诊断，并给出建议	10	8	6	4	听取汇报 查阅档案		
参与人员	15	学校人员	9	固定工作人员	5	有全职的资源教师	5	4	3	2	听取汇报		
				成立随班就读教研组	4	有计划开展教研活动，在全校推进全纳教育理念	4	3	2	1	听取汇报 查阅档案		
		其他人员	6	家长	3	对随读生和其他家长有特殊教育需求家长的服务	3	2	1	0	听取汇报 查阅档案		
				专业人员	3	心理、特殊教育专家介入到学生的教育诊断、训练	3	2	1	0	听取汇报 查阅档案		
成效	10	成果	5	物化研究成果	5	编写教材、论文成案、研究课获奖等	5	4	3	2	听取汇报 查阅档案		
		特色	5	创新	5	在运作、管理方式等方面有改革、发展和创新	5	4	3	2	听取汇报 查阅档案		

附件 5：海淀区资源教室教育训练课评价表

学校名称			时间				
资源教师姓名			训练内容				
一级指标	二级指标	具体内容	分值	等级及权重			
				一等	二等	三等	
				1–0.8	0.7–0.6	0.5以下	
教育训练课	教学设计	1. 教学目标有针对性、符合学生实际 2. 教学内容选择恰当、合理 3. 教学过程能促进教学目标的达成 4. 评估及时、有效 5. 教学资源实用有效，准备充分	20				
教育训练课	教学过程	1. 符合个别化教育的要求 2. 教学方法使用合理、有效，指导策略科学 3. 师生互动，突出"训"与"练" 4. 注重评价，及时调整 5. 过程完整，达成目标	50				
	教师素质	1. 基本功扎实，教态亲切自然，大方得体 2. 教学语言准确、生动，能激发学生兴趣 3. 具有良好的课堂组织能力	10				
	教学效果	1. 充分利用教学资源 2. 学生积极参与教学活动 3. 教育（训练）效果明显	20				

续表

学校名称				时间			
资源教师姓名				训练内容			
一级指标	二级指标	具体内容		分值	等级及权重		
					一等	二等	三等
					1–0.8	0.7–0.6	0.5 以下
特色加分				总分			
短语评价							

附件 6：海淀区资源教室检查评估档案目录[①]

学校名称		
一级目录	二级目录	具体内容
建设与管理	基本建设	1. 建设方案
		2. 硬件设施名录
	使用与管理	1. 领导小组名单与分工
		2. 资源教室管理规定
		3. 资源教室使用说明
		4. 三年工作计划
		5. 资源教师工作职责和考核管理办法
		5. 资源教室工作大事记

---

① 附件6参考北京市特殊教育中心资源教室评估相关资料。

续表

学校名称		
一级目录	二级目录	具体内容
教育训练	个别化教育计划	1. 个别化教育计划齐全
		2. 教育计划完整（目标、设计、责任人签字等）
		3. 计划有针对性，可行可检
		4. 个别化教育计划效果评价材料
	个案管理	1. 学生个案教育档案
		2. 学生转介情况档案
		3. 学生走班记录材料（如走班卡）
	训练课	1. 教育训练安排（如课表）
		2. 目标准确，落实教学目标；过程完整，方法有效、评价及时
		3. 教育训练评价材料
教育教学支持	教研	1. 随班就读教研活动计划
		2. 随班就读教研活动记录
	科研	1. 相关课题立项通知
		2. 相关课题结题报告
		3. 相关课题研究成果
家校联系	家校联系	1. 家校联系册或相关记录
	家长培训	2. 家长培训计划或培训方案
		3. 培训记录

附件 7：海淀区资源教室检查活动访谈提纲

（随班就读学生版）

1. 你在学校参加了哪些活动，在活动中老师、同学都给了你哪些帮助和支持？

2. 你认为在学校生活中，还需要哪些帮助？

（资源教师版）

1. 请您谈谈对融合教育的认识与理解？

2. 针对随班就读学生，您主要组织／开展了哪些课程／活动，请举例说明？

第九章 资源教室运作与实践案例分析

在海淀区教委的关注下，在海淀区特殊教育研究与指导中心的专业支持下，在各融合教育学校的努力下，海淀区资源教室运作与实践取得了一定的成就，特殊教育需要学生在资源教室中获益良多。部分学校资源教室建设成绩斐然，在众多资源教室中脱颖而出。本章以北京市清河中学和首都师范大学附属小学为范例，完整地呈现其资源教室管理、资源教室环境建设、资源教室课程设置、资源教室教学实践、资源教师成长等方面的内容。

第一节 依托资源教室 共享普特互融

——北京市清河中学资源教室运作与实践

北京市清河中学始建于1951年，多年来，学校始终坚持以"办好适合学生的教育，促进学生全面健康发展"为办学理念，怀着对生命的尊重、接纳，常年接收并关爱、教育各类特殊教育需要学生，包括多重障碍、视力障碍、肢体障碍、智力障碍、孤独症等，其中以智力障碍学生为主。这些学生分布在三个年级的多个教学班，最多时候占全校班级总数的67%，最少占全校班级总数的34%。

几年来，学校开展了以资源教室为桥梁、学生需求和发展为核心、专兼职资源教师为指导、校本课程和心理健康工作为支撑的多种形式的资源教室建设与管理工作，最大限度地整合学校、师生、家庭、社区的各类人、财、物资源，全员协同，不断满足随班就读学生较高层次需求，积极构建师生相伴成长的校内外支持体系，在用心陪伴中促进随班就读学生和全体师生主动发展，在普特互融中共享生命的美好。

一、北京市清河中学资源教室的管理和运作机制

（一）资源教室管理

1. 学校重视，一以贯之

学校成立并不断完善以校长为组长，包括学校各部门领导、资源教师、随班就读教师、学生家长代表和社区代表组成的随班就读工作领导小组。由校长全面指导资源教室的管理工作，分管中心主任作为资源教室的直接负责人，逐级安排资源教室运作与管理的具体负责人，再由专、兼职资源教师负责各项具体工作的执行和实施。同时，特殊教育工作常年纳入学校年度工作计划，学校校务会成员每学期开展专题研讨交流，及时沟通了解随班就读工作的进展和相关教育管理文件精神，如学习《特殊教育提升计划（2014—2016）》《残疾人权利公约》《北京市关于进一步加强随班就读工作的意见》等文件。

2. 制度规范，有章可循

学校制定并逐年完善多项管理规章制度，为资源教室有效运行提供基本的制度支持和保障，这些制度涵盖教师岗位职责、设备管理、资源管理、档案管理和学生管理、教师奖励制度等。如完善《北京市清河中学资源教室使用管理办法》使资源教室管理更加规范，使用更加合理；完善《北京市清河中学专职资源教师岗位职责》使教师明确自己的职责，合理科学地开展工作；此外还有《随班就读教学工作基本要求》《随班就读主管领导工作职责》《资源教室的管理规定》《资源教室辅导教师的岗位职责》《随班就读教师工作职责》

《资源教室管理规章制度》《资源教室日常接访制度》《随班就读教研组管理规程》等;学校将随班就读工作纳入学校整体的奖励考核制度,对积极参与随班就读工作的教师每年按照学校奖励制度给予奖励,截至目前有许多教师获得相关奖励。

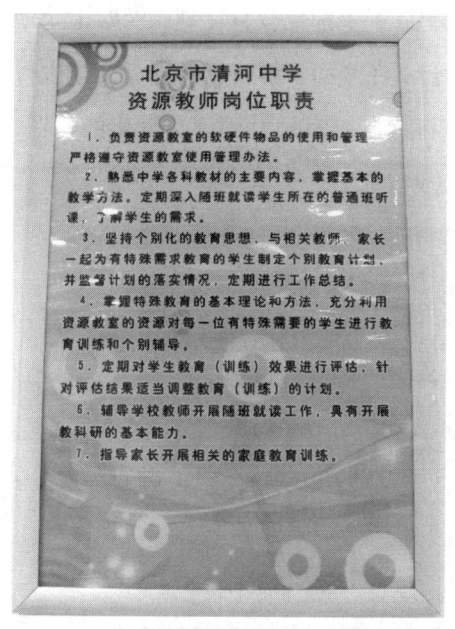
资源教师岗位职责

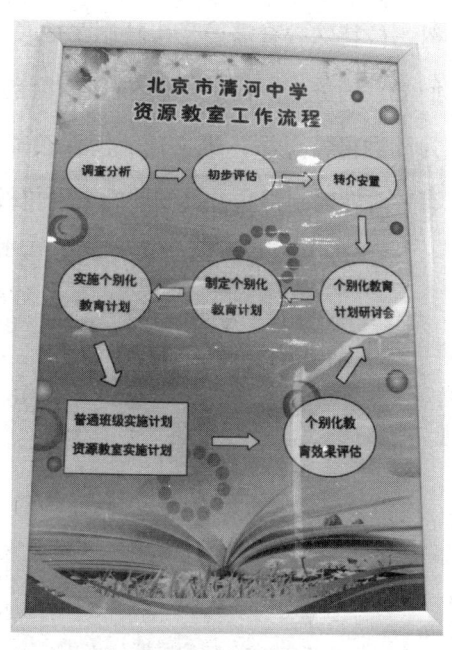
资源教室的运作流程

(二)资源教室运作

1. 建立特殊学生成长袋,制订个别化教育计划

"最后一轮公开课需要去五楼会议室上课,一直陪读孩子的奶奶听说我要上公开课,和我商量说别让他参加了,担心他会影响课堂效果。我断然拒绝了,微笑着回答她,没关系,感谢您为我考虑这么周到,但是我的课堂会因为他的缺席而不完美,就让他一起来吧。"

"运动会开幕式,班级学生自己设计了《我相信》歌伴舞,而他也不甘示弱,积极、情绪饱满、高兴地参加每次排练,虽然做得不到位,但从不放弃,让我们每个人感受着他的坚持、坚强与向上的精神。"

——吴巧平

面对多样的特殊教育需要学生，如何让他们在学校不是简单的入学，而是尽可能地与全体学生共融发展，一直是学校融合教育工作思考的问题。学校为每一位特殊教育需要学生特制了成长袋，制订了个别化教育计划，及时记录他们的点滴进步，促进他们与校园生活的融合。在全面了解特殊教育需要学生行为和性格特点后，班主任、任课教师、资源教师、家长共同评估学生的问题，有针对性地制订适合其发展的个别化教育计划。

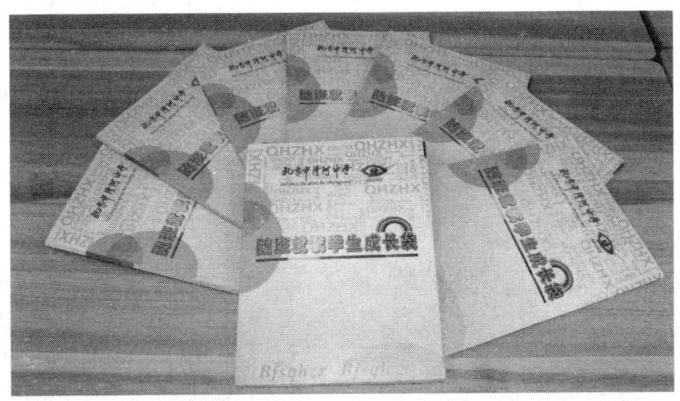

特殊教育需要学生成长记录袋

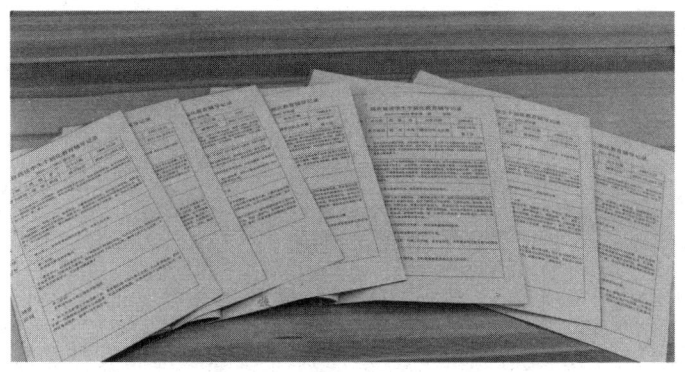

特殊教育需要学生个别化辅导记录

2. 搭建活动平台，共享同伴互助美好

心理周活动

为了让特殊教育需要学生融入正常的教育教学活动中，学校以资源教室为载体、专兼职资源教师为指导，在学生所处的班级、学校生活中潜移默化地营造尊重、包容的校园氛围，如学校在每年的心理周中都开展公益活动，让更多的学生不断强化关爱身边人的意识。资源教室还开展承担特殊教育需要学生教育工作的教师经验交流会，有针对性地帮助辅导教师面对这些学生，及时宣传其中的优秀榜样，使他们在各自所处的班级中快乐地学习成长。

学校某班级有两个多重障碍的姐妹，班主任根据她们的情况安排助学伙伴，在各项活动中给予多方面的班级支持；还有班级在歌咏比赛中为随班就读学生安排朗诵活动节目。在学校中，学生在真实的帮扶中树立了平等互爱、助人的良好道德风范，促进了随班就读学生更好地融入班级和学校生活，也为学校良好的声誉打下了基础。

3. 关注每一位学生，师生相伴共成长

学校借助专、兼职资源教师对不同群体教师开展培训，提升了教师们在理论指导下科学开展工作的意识，及时梳理提炼教师在特殊教育上的经验。学期末，每位教师及时总结经验，并以小文章的形式交流融合教育工作中的收获和感悟。学生的点滴进步也促进着教师的成长。学校对融合教育工作的支持、专业教师的培养、融合教研组分年级工作及不断翻新改造的资源教室，让全体教师进一步提高了对融合教育的认识，有更多的教师自愿加入资源教室建设的团队（美术、音乐、地理、历史、工勤人员等）。

专、兼职资源教师作为特殊教育与普通教育融合与沟通的桥梁，与教务处、德育处、年级组、班主任、任课教师密切沟通，及时进班听随班就读班级的常态课，促进他们在常态课堂的融合，并对其日常表现进行追踪和有针对性地加以指导。

融合教育教研活动

为使资源教师走向更加专业的道路,学校积极参加了海淀区随班就读相关课题的研究,邓丽萍主任被聘为全国教育科学规划课题《构建随班就读学生多元评价体系的研究》以及《随班就读工作机制和保障体系研究》课题组成员。

4. 家长参与,于无声处融合

让自己的孩子能够和普通孩子一起进行融合教育是每个随班就读学生家长所期待的,这毕竟是孩子融入社会的第一步。有些家长出于各种原因,如担心孩子被孤立,在学期初并不向学校提供相关证明,有时还和班主任隐瞒孩子的真实情况。这样造成的后果就是教师们在面对学生的特殊表现时措手不及,无法为学生提供一个有准备的环境和适应的过程。而且,在这种心态下,家长还可能不敢在教师的教育训练等方面提出建议。面对这种情况,学校的教师们都非常理解家长的难处,但学生确实需要帮助,如何消除家长的顾虑,帮助家长渡过心理难关,正确面对和接纳孩子的问题是解决问题的关键。

首先,班主任非常有耐心,加强与家长的沟通,资源教师邀请区里的特殊教育专家对家长进行有力的咨询和帮助,切实了解家长的困难和需求,并帮助他们掌握一定的特殊教育知识、技能和技巧。

其次,学校不定期组织特殊学生家长沙龙,让家长们了解资源教师和融合教育教师的工作,同家长共同制订学生的个别化教育计划,帮助学生做满意的自己。同时,教师们也了解家长对学生的愿望和要求,并给予支持和帮助。学期末组织随班就读学生家长和学生的联谊会,将学生们一年来的学习向家长进行汇报和展示,增进了双方的感情,促进了家校合作。

资源教室对个别学生的个别化训练采用开放的形式,家长可以随时来校学习、咨询。如初一特殊教育需要学生赵赵,医生诊断为多重障碍。父亲是公务员,母亲是普通工人,赵赵大多时候都是由奶奶照顾,奶奶从开学初到

家长沙龙

现在一直进行陪读。在班主任和随班就读教师的关爱下，学生在班里适应得非常好，尽管他吐字不清晰，但每次课上发言，班级同学都会为他鼓掌，该生非常喜欢班里的同学，喜欢学校。

对特殊教育需要学生家长开展辅导和亲子活动，使家长在资源教室中疏解了压力，也促进了融合教育工作更好的发展。经常有家长反映，没想到把学生送到学校能得到如此细致的关怀和帮助。

二、资源教室的环境建设

（一）资源教室建设宗旨和指导原则

在融合教育工作中，因为学生存在特殊教育需要，因此资源教室的硬件建设成为一个起点问题。是否需要独立建设资源教室？场地如何选择？设备如何配备？建成后如何使用？这些问题将影响融合教育的成效。从2011年获得区级资源教室的专项资助起至今，学校始终不渝地遵循资源教室建设和运作的一个宗旨：充分发挥资源教室的各项功能，让它真正成为特殊教育需要学生健康发展的桥梁和促进全体师生幸福成长的乐园。资源教室不仅成为特殊需要学生实施个别化教育计划的场所，亦可为全体师生和家长提供咨询、指导和各类服务。

为确保资源教室的有效利用和可持续发展，学校在建设资源教室及配置相关设备时遵循了以下原则：

1. 整体规划原则：资源教室首先是针对特殊教育需要学生开展特殊教育活动的场所，须有独立的场地，但其仍然是学校教育资源的重要组成部分。所以，学校资源教室的选址首先考虑与普通教室、专用教室、室内外文体娱乐场所间的空间关系，便于师生使用和管理，利于各种场所间的兼容及资源共享。

2. 实用、经济原则：资源教室建设初期需要购置一系列新的设施设备，其运行过程中还需添置新的设施设备，所有设备都是根据学生的实际需要来配置。

（二）资源教室硬件建设现状

基于资源教室建设的指导原则和基本功能，目前学校已建成位于学校活动楼一层、具有7个功能、占地约300平方米的资源中心，主要包括以下功能室：

1. 接待办公室。该教室主要用于资源教师日常办公，档案管理，接待学生、家长、教师及开展相关评估。

2. 团体活动训练室。该教室主要用于融合教育师生团体辅导活动和动作康复训练，占地约100平方米，包含康复训练和运动区，能够满足对肢体障碍学生进行动作训练、对视力障碍学生进行视力训练及全体师生根据各自实际情况开展智能运动互助。

3. 小组活动室。该教室主要用于融合教育小组训练课教学，学生在此接受小组及个训辅导课。

4. 潜能开发室。该教室用于开展学生评估工作（记忆训练软件、韦思童评估系统）、一对一补救性教学、康复训练活动等。

5. **心理咨询室**。该教室主要用于师生进行一对一个别心理辅导，帮助学生调节情绪，释放压力，不断完善自己。

6. **减压放松室**。该教室分为视听阅读区：学生、家长、教师可以在此查阅相关资料，包括专业的书籍、资料、影像光盘等，同时可以进行小组教研，集体备课；自我减压调适区：对学生进行放松训练指导和音乐减压椅等自我训练，帮助学生自我放松，舒缓压力。

7. **生活技能实训区**。该实训区利用仿真超市、生活技能训练设备，对学生进行一对一或团体社会技能训练、职业发展、辅导等。

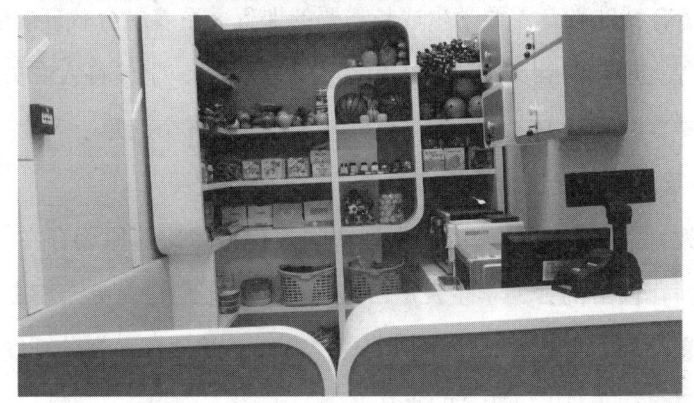

资源教室一角

(三)资源教室的功能定位

融合教育融合的不仅仅是环境和人,更重要的是它融合了两种教育之间彼此缺失的文化和精神。学校资源教室的建设和运作经历了从面向特殊需要群体到面向全体师生的渐进过程,成为普通教育和特殊教育之间实现教育联系和融合发展的最佳桥梁。而今资源教室已不只是特殊教育需要学生独有的天地,常常能看到在资源教室里进行训练活动的普通学生。有了普通学生的存在,特殊教育需要学生就变得更加活泼和快乐,他们能从普通学生那里学到好的行为、学到交往的技巧;有了特殊教育需要学生的存在,普通学生就变得更富有责任心、包容心和爱心,他们能从特殊教育需要学生那里感受生命的多样性、学到坚强的意志、端正做人的态度。每天都能在学校看到特殊教育需要学生和普通学生一起上下学、集会、活动、就餐、参加演出等，有效实现了普通学生和特殊教育需要学生之间教育环境的资源共享，这种教育境界正是学校融合教育所一直追求的。

三、资源教室的课程设置

（一）资源教室课程的设置原则

实施适合特殊教育需要学生成长需要的课程关系着融合教育的质量。"学校融合课程管理"的意义在于对人内在潜能的开发，学校将人性关怀作为特殊教育需要学生课程实施的基础，充分考虑了以下五个问题：

1. 尊重人性，促进特殊教育需要学生充分的发展

特殊教育需要学生虽然由于生理缺陷或智力障碍等原因存在一些困难，在某些方面比同龄的普通学生发展缓慢。但是，他们也是处于不断发展中的个体，也有发展的可能性，应为他们提供高质量的教育，充分开发他们的潜能，使他们能发展到尽可能高的水平。

2. 并重课程，在显性与隐性中创设积极融合的教育大环境

显性课程是学校教育中有计划、有组织实施的各类课程；隐性课程是学生在学习环境中学习到的非预期性或非计划性的知识、价值观念、规范、态度，对特殊教育需要学生的价值、态度、人格等的发展具有重要影响。为了使特殊教育需要学生形成健康的人格、积极的个性，学校和教师应该创设宽松、自由、健康的教育环境和教学情境。

3. 强化参与，在共同生活中提高特殊教育需要学生适应社会的能力

融合教育的目的就是给特殊教育需要学生提供与普通学生一起学习、成长的机会，使他们具有健康的情感和适应生活的能力。因此，特殊教育需要学生的课程建设应以提高他们适应社会的能力为目标。

4. 普特结合，在一般课程和特设课程中促进特殊教育需要学生的深度发展

特殊教育需要学生和普通学生一样都是处于发展中的学生，有很多共性。但是，由于各种原因，他们还是有特殊性的，既需要和普通学生一起学习普通教育的课程，也需要学习有针对性的特殊课程。特殊教育需要学生大量的时间是在正常班级中学习普通教育的课程，因此，真正融入普教课程、提高特殊教育需要学生学习普教课程的收获，是融合课程建设的关键。

5. 内外整合，充分利用一切校内外教育资源

融合教育的根本目的是为了使特殊教育需要学生更好地适应社会生活。简单的学校环境无法替代鲜活的社会，因此，特殊教育需要学生的课程应是学校课程与校外课程的整合，学校、家庭、社区共同发挥教育作用。

（二）资源教室课程的设置框架

在课程设置中，整体上切合特殊教育需要学生的实际需要，在保障普通课程学习的基础上，开展补救和特设课程，主要以培养学生习惯、提高学生与人交往能力、个性发展、特长展示、融入集体、认知社会为内容。在学习领域上主要包括三类课程，即基础性课程（语言表达和阅读欣赏、艺术），以形成较系统的知识体系和建设终身学习的基础；功能性课程（心理辅导、注意力训练），解决身心障碍造成的学习和生活的困难；技能性课程（社会常识、社会适应、劳动技能、职业衔接），帮助学生有效地面对现实生活的挑战。学校有与普通学生一样的语数英等的一般学科课程，还针对他们设计了一些符合他们身心特点的课程，比如与生物、心理、美术相结合的特色课程。学校的资源教室得以充分利用，不仅可以对随班就读学生随时进行心理辅导，而且各个资源教师利用学科优势，为他们设计了很多的活动，比如运动中的生物现象，就是利用资源教室购置的多种运动器材，在锻炼中学习一些人体知识。

四、资源教室的教学实践

(一)资源教室课程教学历程

2014年9月起,为了更好地服务特殊教育需要学生,在班主任和家长的同意下,部分学生从教室抽离出来,资源教师重点对轻度智力障碍学生开展了《融》校本活动课。在专业设备的辅助下,每周二、三、五第八节课或中午,部分轻度智力障碍学生到资源教室,资源教师根据学生的具体情况安排不同的学习、训练内容,使他们接受生活技能、社会交往、生涯衔接的补救训练和辅导,提升他们更好融入社会的各方面能力。

《融》校本活动课实施研讨会

在具体执行阶段,学校资源教师的主要工作内容包括:确定时间表,设计、提供以及记录服务情况，根据需要与他人进行协商和协调。

首先，为了提供全面优质的服务，学校资源教师必须能够掌控自己的时间，合理安排各种服务，达到既定目标，同时满足学生、家长和教师的需求。时间表不仅能帮助资源教师计划分配服务时间，还能向他人证明学校资源教室建设的系统化和规范化。表9-1呈现了学校当前资源教师的工作时间安排表。

表 9-1　学校资源教师的工作时间安排

星期 课第	星期一	星期二	星期三	星期四	星期五
第一节	课堂观察	档案管理	教师反馈	档案管理	课堂观察
中午	生涯小组课	个别训练	生涯小组课	个别训练	生涯小组课
第八节	个别训练	个别训练	个别训练	书法训练	书法治疗
备注					

需要着重指出的是，学校资源教师在建立时间表的时候，会寻求教师和行政领导的建议，从而保证自己的服务是对学生教学的完善而非干扰。通过与教师、家长的协作，资源教师能够更好地安排个别训练、资源教室小组课、教师反馈、课堂观察等服务的最佳时间。每学期资源教师根据实际情况调整时间安排表。

（二）资源教师课程的主要内容

根据每一个特殊教育需要学生的实际情况，资源教室的个别化训练主要包括以下内容：感觉统合训练、资源教室小组课、生涯训练课、人际交往训练课。其中，感觉统合训练主要针对学校随班就读的多重障碍学生，资源教室小组课主要针对学校里轻中度智力障碍学生。

1. 感觉统合训练。 针对多重障碍学生生理或行为障碍，提供矫治、康复训练服务，培养大小肌肉群的活动能力、反应能力、平衡协调能力，促进大脑机能缺陷的补偿。利用自备的材料（如橡皮泥、纸张、细绳等）进行手工制作，训练精细动作；利用室内玩具进行训练，提高上下肢和腰肌的力量；培养顽强拼搏精神，提高身体素质，使身体各部分动作协调，活力增加。

2. 资源教室小组课。通过开展丰富多彩的小组课活动，一方面提高轻中度智力障碍学生认知水平，提高注意力，扩大感知面，增强记忆力；另一方面使他们在玩中学习，体验到成功的喜悦，消除自卑心理，增强自信心，形成乐观向上的品格。

小组训练课

另外，学校还利用音乐教室、书法教室，对特殊教育需要学生进行音乐治疗和书法治疗，开发学生的音乐和书法潜能。

（三）资源教室学生训练实例

表 9-2　个案基本情况

学生姓名	耿某 A	年龄	14	性别	男	障碍类别	智力障碍	障碍程度	中度
学生姓名	王某 B	年龄	14	性别	男	障碍类别	智力障碍	障碍程度	中度
学生姓名	王某 C	年龄	14	性别	男	障碍类别	智力障碍	障碍程度	中度

书法治疗

学习情况：

三名学生现就读于初三年级，耿某 A 和王某 B 就读于同一个班级，王某 B 和王某 C 是双胞胎。三人所在的班级气氛活跃，同学之间团结友善、积极向上。同学之间能够相互关心，并能够接纳并友善对待他们。尽管他们在学习上有困难，但在生活上班主任注意挖掘他们的闪光点，使班内同学从另外的角度欣赏他们，很多同学愿意帮助他们，班级所有活动都不会落下他们，给他们带来了安全感和幸福感。双胞胎兄弟还参加了今年的学校秋季运动会跑步项目，为班级赢得了一定的荣誉。

学习方面：由于智力障碍的原因，并且随着学习难度的加深，三位同学学习吃力的状态越来越明显，学生更加不自信，尤其是王某 C，一度很焦虑，情绪波动比较大，在班主任和资源教师的帮助下才有所缓解。耿某 A 抽象思维和逻辑思维，记忆力以及对知识进行理解、概括、迁移和运用的能力都很弱。

人际交往方面：王某 B 和王某 C 在人际交往中相对更被动一些，在班级良好氛围带动下能和同学们有良好的互动，但多数情况下不自信，说话声音细小，与他人说话时目光交流的时间较短，喜欢看着别的地方与人说话。耿某A在人际互动中相对更主动一些，但多数情况下是附和的角色。

干预目标：鉴于三位学生出现的上述问题，资源教师为他们制订了个别化教育计划，具体的干预目标如下：（1）观察能力训练：能够根据教师的要求完成简单的任务，但观察的内容尽量全面。（2）社会交往技能训练：学会与人目光交流，主动与人互动。（3）语言理解与表达：语言表达流畅，能够表达自己的想法，词汇丰富，能根据教师的要求进行概括性总结。

具体干预过程：每周安排三位学生到资源教室接受三课时的训练，每次时间为45分钟，重点从以下几个方面进行训练。

1. 职业生涯小组训练课

职业生涯小组训练课包含认识自我、认识职业、职业体验、学会选择、走出校园、走进社区、参观京郊花卉植物基地等课程内容，主要是培养学生注意观察生活的习惯，了解认识职业的途径，理解劳动的辛苦，培养热爱生活的习惯，培养他们掌握生活技能，提前学会一些社会工作技能，从而进一步明确自己的喜好，增强职业意识，为更好地融入社会生活做准备。

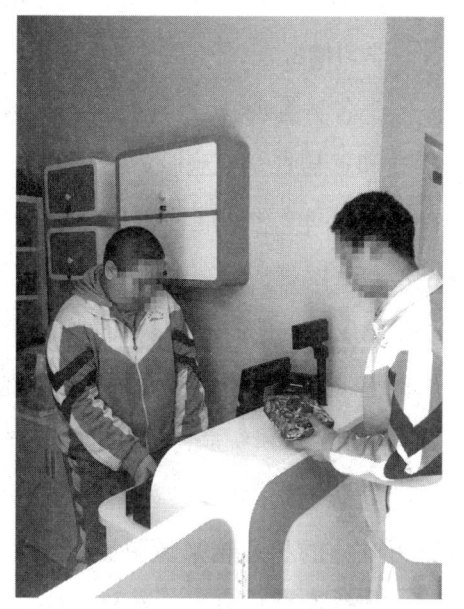

职业生涯小组训练课

2. 沙盘言语表达课

沙盘的摆放和对主题的构想，一方面训练学生们的记忆力，另一方面训练他们的言语表达能力。从一开始的词语串接到后面有联系的小故事表达，学生们在一次次课中不断进步。

沙盘言语表达课

3. 多米诺骨牌合作课

学生们按照教师给的图案进行拼摆，过程中需要学生们不断地去尝试、和小组内其他人进行互动，最后的分享环节更是激发学生们的主动性，锻炼了观察能力和语言表达能力。

多米诺骨牌合作课

干预效果：经过近1年的训练，三位学生在许多方面都发生了明显变化。

（1）观察能力。三位学生不论是在班级还是在资源教室，会观察和注意教室的卫生，一旦发现不整洁，会主动整理。

（2）语言与社交。训练前，三个学生说话声音很小，尤其是在陌生人面前，训练后在班级和同学关系特别融洽。在资源教室小组课中，能够大声发言回答问题，人际交往的主动性越来越强，还邀请班里的同学来资源教室一起活动。

（四）资源教室课例

课　题	学会观影	训练者	李小花
学　校	北京市清河中学	学生年级	随班就读 （初二、初三年级）
科　目	生活技能	课　时	1课时
课程背景分析			
本课属于"生活技能"领域质量。			
学生情况分析			

特殊需要学生自然情况分析	姓名	班级	性别	年龄	类型	残疾程度
	赵某（A）	（二）12	男	13	多重障碍	二级
	张某（B）	（三）10	女	14	智力障碍	中度
	卓某（C）	（三）8	男	14	智力障碍	轻度

特殊需要学生学习情况分析	学生A赵某： 1. 语言表达：吐字不清晰，具备一定的语言理解能力，可以表达自己的简单想法，具备基本生活经验。 2. 使用钱币：能够认识钱币，会独自下楼在小区内买小物品，知道付多了后要找零，但不能准确计算找零钱数。 3. 与人交往：有主动与人交往的意愿，非常愿意上学，但不能独自上下学，平时由奶奶陪读。在班级学习活动中多关注自己喜欢的内容，对文科类的学习更感兴趣。性格温和，班级同学都很喜欢他。

续表

特殊需要学生学习情况分析	**学生 B 张某：** 1. 语言表达：言语表达流畅，词汇缺乏，表达的内容不够丰富。 2. 使用钱币：认识并会使用钱币，能够进行小数字的简单心算，计算速度很慢，使用钱币的问题越复杂，解决起来越困难。具备一定的学习能力，能理解常用概念，使用不灵活，想象力不够丰富。 3. 与人交往：愿意与他人交往，和同学交往中能清晰表达自己的需求，但交往的方式方法需提高技巧。
特殊需要学生学习情况分析	**学生 C 卓某：** 1. 语言表达：言语表达流畅，但平时话不多，内向，不太敢表达自己的意见和想法。 2. 使用钱币：认识并会使用钱币，能够进行简单的心算。 3. 与人交往：比较被动，有些孤僻，不太关心同学和其他班级事务，多数情况下不是很自信。
教学目标	
	知识与技能： 学生 A 赵某： 1. 在教师提示下进行吐字清晰训练，相对清晰说出自己的购票需求。愿意和同伴表达自己的想法，遇到困难时会寻求帮助。 2. 在教师或同伴的提示下能够用正好的零钱购买一张电影票。 学生 B 张某： 1. 学会在适当的场合正确表达自己，关注他人的反应并合理回应。 2. 掌握相对复杂的人民币找零计算（会运用加法、减法计算）。 学生 C 卓某： 1. 敢于表达自己的不同意见，注意语气与举止合理。 2. 能够独自完成购票过程，会用找零的方式付钱。 **过程与方法：** 学生 A 赵某：1. 通过教师的提示和模仿老师发音，吐字相对清晰； 　　　　　　2. 使用真实钱币和电影票道具训练用正好的钱购票。 学生 B 张某：1. 通过预设情景，学会在适当场合正确表达自己并关注他人回应； 　　　　　　2. 使用真实钱币和物品训练人民币找零付费。 学生 C 卓某：1. 通过预设情景，学会敢于表达自己的不同意见，注意语气与举止合理。 　　　　　　2. 使用真实钱币训练独自完成购票，并帮助同学购买零食。

续表

情感、态度与价值观：
培养与人友善、同伴合作、接纳他人的美好情感；树立遵守社会公共秩序，礼貌观影的价值观。

教学资源
多媒体课件、真实的人民币（零钱和整钱）、标签牌、电影座位表、电影票若干；饮料、爆米花等若干。

教学重难点
学生A赵某： 重点：相对清晰地表达自己的意见。 难点：在教师提示下用正好的零钱购买一张影票。 学生B张某： 重点：能用找钱的方式帮助伙伴独自完成购买零食活动。 难点：人民币找零问题的心算准确无误。 学生C卓某： 重点：敢于表达自己的想法，向他人表达自己的意见和合理要求。 难点：敢于在众多陌生教师、领导、专家面前表达自己的意见，参与活动。

教学过程

教学过程	教师活动	学生活动			设计意图
		学生A	学生B	学生C	
口腔操（3分钟）导入阶段	课堂常规活动：按摩操 舌部：弹响 绕口令	跟着老师的示范一起做口腔运动			帮助三位学生形成习惯，意识到课程马上开始。A训练语言发音器官，促进大脑发育；B、C训练记忆力。
		按摩操各5次。 舌部：弹响舌各5次。 绕口令：八百标兵奔北坡。	按摩操各10次。 舌部：弹响舌各10次。 背诵：关雎	按摩操各10次。 舌部：弹响舌各10次。 背诵：弟子规	

续表

教学过程	教师活动	学生活动			设计意图
		学生A	学生B	学生C	
训练阶段（22分钟）	1. 社交训练：邀请同学一起去五彩城看电影（教师注意观察学生行为，适当指导）。	邀请B	邀请C	邀请A	训练学生C敢于表达自己的观点和意见，积极参与活动。
		根据教师的脚本邀请同学看电影。鼓励和强化适宜行为。			
	2. 买电影票：首先用图片帮助学生分清电影院的标识。问学生到电影院后买电影票需要考虑什么？电影票的单价、数量、场次，选择座位。教师讲解后请学生选择场次与座位，分别说出自己的选择与喜好。教师扮演售票员。	在教师提示下用正好的钱购买一张电影票。	不需要老师提示，独自购买电影票一张，完成人民币找零。	不需要老师提示，独自购买电影票一张，完成人民币找零。	巩固人民币使用练习，重点训练学生A的清晰表达和正确使用人民币。
	3. 买零食 教师扮演售货员，出示可以购买的零食，三位同学分别挑选自己喜欢的零食并清晰表达，由一名同学统一购买。售卖中教师会问一共多少钱，应找多少钱。	挑选自己喜欢的零食并清晰表达。	帮助同伴购买零食，负责找零并分发零食。	挑选自己喜欢的零食并清晰表达。	与人合作，学会帮助他人。学生B训练复杂的人民币找零。
	进场观影 教师扮演检票员，引导学生入场，找座位并礼貌观影。	在教师提示下可打开饮料喝水。若打不开请求帮忙。	礼貌观影	礼貌观影并要帮助同学。	训练进场找座位及礼貌观影。

续表

教学过程	教师活动	学生活动			设计意图
		学生A	学生B	学生C	
总结（5分钟）	教师总结学生展示	认真参与，主动交往，遵守规则。			传统活动，学生展示，提高自信。

随班就读学生情况分析

	姓名	班级	性别	类型	残疾程度
学生情况	张某	二（4）	女	视力	一级
	张某	二（11）	女	多重	二级
	卓某	二（7）	男	智残	轻度
	王某	三（2）	女	智残	轻度
	熊某	三（1）	女	智残	轻度
	关某	三（11）	男	智残	中度
	李某	三（12）	男	智残	轻度
情况分析	所有学生障碍程度虽然不一样，但智力和自理方面都有一定问题，学生在开始阶段普遍有自卑心理，对生活和学习比较担忧，但通过资源教室的集体上课，不仅在集体中找到了朋友，提高了自信，回到原先的班集体内也表现积极了，挖掘了一些自己的特长，提升了一些生活技能、自尊和自强的心态，在学习和生活中通过努力学习，使自己更好地融入普通班级生活。				

课程设计背景以及思路

课程背景：本课属于"生活技能"领域。通过本课学习，使学生养成注意观察生活，热爱生活，提高自身生活品质的习惯。在本单元《生活技能》，已经进行了三个活动，分别为"服饰与色彩""房间整理""个人卫生习惯"。这是本单元的第四个活动"认识厨房"，这节课主要是在家庭这个重要场所，跟生活息息相关。认识厨房，了解厨房的作用，也是提高生活质量的很好的途径，为了学生将来生活品质和自理能力的提高，也为下一阶段他们进入学校食堂奠定基础，特设立《认识厨房》这节课。

设计思路：整体感知厨房—厨房中物品识别和用途—厨房安全—厨房的整理归类—未来厨房的样子—总结—收获。

续表

教学重难点				
能愉快地认识厨房的功能作用，体验参加活动的乐趣。 在学生有智力障碍的情况下，引导学生参与认识厨房，设计厨房的活动。				
在学生有智力障碍的情况下，教学目标				
1. 了解厨房的组成，在教师的帮助下能一起参加活动。 2. 以愉快、自信的积极态度投入到学习活动中去，在学习过程中体验快乐，不断提高生活自理能力。				
教学资源				
教学课件：PPT、厨房用具、图画纸。				
教学过程				
教学阶段	教师活动	学生活动	设计意图	时间
一、引入：观看视频：了解厨房是家庭生活中不可缺少的一部分，与我们的生活息息相关。	播放视频观看厨房。 教师讲解：每个家庭的厨房各有不同，平凡的角落里蕴含着浓郁的生活气息，它表现了主人的个性和风格，体现了人们对生活的热爱。	学生说一说看到视频中的一样认识的东西。 谈谈自家的厨房，你感兴趣的一个厨房角落。 谈谈厨房的作用。	揭示主题引入新知	10分
二、揭示主题活动讨论： 1. 回忆一下，厨房里的哪个物品很难分辨？ 2. 厨房在实际运用中要注意的安全事项？ 3. 整理厨房的技能。	教师展示生活中几种常见的调料，让学生分辨是什么？有什么作用？ 教师出示几种厨房发生危险的照片，提示厨房重地，安全第一。 提示：厨房用具的分类摆放	学生分组辨别老师提供的厨房调料，并尝试分辨有什么用。 小组讨论结合身边的例子，回答厨房中要注意安全的地方。 说说自己在家怎么整理厨房的，并把教师分发的用具按照一定规则摆放。	通过小组观察学生讨论，使学生认识和了解厨房，提高生活自理能力	25分

续表

教学阶段	教师活动	学生活动	设计意图	时间
三、拓展思路 你理想中未来厨房的样子和功能	教师重点指导 1. 指导学生讨论和记录 2. 关注参与活动	学生观察汇报，积极参与，使学生了解到厨房在我们的生活中是不可缺少的一部分。	小组讨论未来厨房，关注学生的活动情况。分享劳动成果。	5分
四、收获小结：总结本节课活动内容，对学生的表现进行点评，表扬好的，激励大家继续努力。	通过这节课的学习你有什么收获？	在关注交流过程中，鼓励学生说出自己的心声。	通过谈收获既明确本课学习的目标、强化重点，又实现了自我反馈，交流了经验。	3分
五、布置作业		课下整理材料，把内容补充完整		2分

五、资源教师队伍建设

在师资建设方面，学校设置有2名专职资源教师和2名兼职资源教师。此外，学校也倡导和鼓励学校其他教师（尤其是班上有特殊教育需要学生的教师）积极参与资源教室的建设，与资源教师及志愿者建立良好的沟通渠道，互通有无，彼此协助。

更为重要的是，鉴于资源教师和随班就读任课教师的理论和实践能力都有待不断提高以逐步走向专业化，学校特别重视对资源教师以及随班就读任课教师进行在职培训。学校先后派出12位教师参加区里和市里组织的各类培训，在教学上给予教师们理论上的支持。资源教师在实践中感受到资源教室运作虽有了理论的支持，但是在如何满足所有学生的特殊需求、有效实施个别化教育计划上还缺乏专业技能的指导。于是学校邀请区特殊教育中心的教师和资源教师一起听课，了解学生，参与训练，指导资源教师制订个别化教育计划，完善必要量表，为资源教室规划提建议等。在他们的大力协助下，资源教师的训练内容更加合理，除进行感统训练外，还能针对学生实际需求，进行言语技能的训练；随班就读教师填写的跟踪记录表进行了合理改进，教师们反馈表示新的记录表内容全面，操作简单，减轻了工作负担，提高了工作效率。

（一）培训、评聘专兼职资源教师

资源教师参加专业培训

学校大力支持专、兼职资源教师和随班就读教师参与区级培训，目前已有11位教师取得海淀区资源教师上岗证书，同时还积极选派教师参与市区各类专业培训，如选派教师参加韦氏主试资格、行为分析师以及言语训练师等专业学习，以教师的专业化更好地为特殊教育需要学生服务。学校在师资紧张的情况下，从经过培训的教师中挑选了两位专职资源教师，负责资源中心的管理和使用；其他受训教师担任兼职资源教师，负责配合专职资源教师开展校本课程研发和各年级融合教育工作的指导。

（二）规范专兼职资源教师工作职责和工作内容

开学初，在主管领导的指导下，资源教师通过和普通教师沟通、观察等方式对特殊教育需要学生情况进行了解。每位资源教师详细地分析每位随班就读学生的实际情况和学习环境，为他们制订自己的IEP。每学年新生入校，专职资源教师都对新生开展测评，根据筛选出的特殊教育需要学生的作息时间安排出相应的课表，在资源教室开展小组课，将每个特殊教育需要学生的服务时间安排妥当，既有重叠的时间也有错开的时间，保障了资源教室合理、有序地使用。在学期中，资源教师根据学生的学习状况，随时做弹性调整，使学生能获得合适的教育。

（三）开展融合教研组团队教研

融合教研组主要由专兼职资源教师、随班就读学生的班主任、任课教师组成，每学期开展三次活动。主要是在资源教室定期开展专题研讨、学习，交流针对特殊教育需要学生教育的方法和经验，研讨随班就读教育教学中遇到的问题，同时开展校本课程研发及参与市区特教中心的教研活动和课题研究，为更好地促进普特互融发挥团队合力作用。

（四）深入普通课堂提升指导能力

专兼职资源教师作为特殊教育与普通教育融合与沟通的桥梁，与教学处、德育处、年级组、班主任、任课教师密切沟通，及时进班关注随班就读学生的常态课，在课堂中与任课教师配合，落实个别化教学任务并适时给予辅助支持，促进随班就读学生在常态课堂上的融合。此外还对随班就读学生的日常表现进行追踪并有针对性地加以指导。

（五）参与课题研究明确发展方向

为使资源教师走向更加专业的道路，学校积极参加了特殊教育课题研究，中心主任被聘为海淀区《构建随班就读学生多元评价体系的研究》与全国教育科学规划课题《随班就读工作机制和保障体系研究》课题组成员。学校承担了全国教育科研规划课题《随班就读工作机制和保障体系研究》子课题《资源教室课程建设》的研究任务，学校独立申报的《中学随班就读的轻度智障学生校本课程开发实践研究》被批准为海淀区"十二五"二批次重点规划课题。通过参与课题，学校的融合教育始终在直面问题中思考反思、总结提升。基于问题导向的融合教育研究让资源教师队伍更加理性，资源教师在课题研究中学习反思，在具体工作中实践感悟，不断理清资源教师需要具备的专业素养和核心能力，在自我素养的提升中帮助特殊教育需要学生更好地提升校园生活的品质，为他们更好地融入社会奠定基础，为特殊教育需要学生和全校师生健康成长提供服务与协助。通过课题研究，帮助资源教师进一步明确自身职业生涯发展的方向。

六、资源教室的支持与保障

（一）营造尊重与包容的校园生活氛围

面对特殊教育需要学生，为了让他们更好地融入普通的教育教学活动中，学校在学生所处的班级、学校生活中潜移默化地营造尊重、包容的校园氛围。学校在学生中开展了一对一帮扶小组，一对多爱心传递活动，开展主题班会让更多的普通学生接受爱心教育、认识平等；学校每年在心理周活动中都开展义卖活动，学生在真实的帮扶中，树立了平等、互爱、助人的良好道德风范。学校根据特殊教育需要学生的实际情况和个人能力为他们创设参与学校活动的机会，如运动会举班牌、消防演习当监督员、升旗活动当主持等等，这些都极大地提升了他们主动融入学校生活的积极性。例如其中有两个随班就读的姐妹属于多重障碍，班主任根据她们的情况为其安排助学伙伴，在各项活动中鼓励她们积极参与，两个姐妹在歌咏比赛中参与了朗诵节目，自信心得到了极大的提升，在课堂学习中也积极地回答教师的提问。

（二）营造教师教、学、研的学习氛围

《我们在一起》文集

教师的理念和行动关系着学校融合教育的进展程度与深度。学校经常开展随班就读教师的经验交流，有针对性地帮助随班就读教师科学、理智地面对这些特殊教育需要学生。学校借助专、兼职资源教师对不同群体教师开展培训，帮助教师梳理正确的融合教育观念，并具备专业的特殊教育需要学生行为管理策略与课堂教学能力。教学反思是促进教与学的有效措施，学校创办了《我们在一起》文集期刊。每一篇文章都浸透教师对特殊教育需要学生无微不至的关怀和无私的爱。在总结中提升，在反思中成长。这种教、学、研氛围的营造也极大地激发了教师们的工作热情，教师们进一步提高了对融合教育工作的认识，对学校融合教育工作的积极支持，有更多的教师自愿加入资源教室建设的团队（美术、音乐、地理、历史、工勤人员等）。这种热情也感染到身边的学生,大家一起在融合氛围中共同成长进步。

(三)挖掘特殊教育需要学生对普通学生的积极影响

特殊教育需要学生身上也有很多优秀品质值得普通学生们学习,学校及时梳理并宣传优秀随班就读学生榜样,使这些学生在各自所处的班级中提升归属感和认同感,在与同伴的相互欣赏中有尊严地、快乐地、主动地学习成长。

中午 1 点 20 分,校园广播准时播音。小晨(化名)用字正腔圆、富有磁性的声音播报着《心语之声》专栏,作为学校聘任的专栏主持,他的声音已成为校园中一抹亮色。如今他已经顺利进入中央音乐学院附属中学读高中。谁又会知道,小晨天生视力障碍,是学校的广播站为他插上了腾飞的翅膀。他的声音和他的事迹成为许多师生记忆中的一抹亮色。学校不仅让他主持,还让他在各种场合唱歌,组建了由他担任组长的爱心奉献志愿者队伍,他的明星效应不仅带动着特殊教育需要学生积极挖掘自身的特长,更成为广大师生的骄傲和榜样。

小旭,是一个脑瘫后遗症学生。入学教育时,他和其他学生一样吃住在军训基地,当值勤生和负责宣传稿件,还适当地参加一些小强度的训练。他略有些羞涩的笑容以及遇事一定要解决到底的小倔强,让他的同学们时常流露出对他的赞许和钦佩。班里的学生都知道他的摄影作品获奖了,还被出版征用了,登有他作品的书就放在教室的书架上;他的摄影作品在校艺术节中也曾获一等奖。他有自己的 QQ 空间,里面有很丰富的内容,有他为班级同学做的相册等。运动会上,他主动买来葡萄糖为运动员补充能量,为班级每个同学买来矿泉水,用小拉车运到学校。他学习很刻苦,上课专心听讲,课下认真完成作业。他还经常利用课余时间为班里做一些力所能及的工作。小旭的表现赢得了同学的尊重,学校紧急集合演练,班上同学说不能落下他,找学校说让他躺在担架上,抬着他从特别通道撤离;事后有人问他们班的学生,不觉得他是一个累赘吗?为什么不把他留在班里或让他自己解决。学生们说："他是班级里的一分子，不管什么情况，一个好的班级应该团结互助。他平时自己身体不便，但还经常为班级里做好事。他虽然身体有残疾但意志坚强、学习刻苦勤奋，是我们心中的好榜样，我们以他为荣。"校园里，师生们经常看到小旭跌跌撞撞行走的身影，也经常看到同学因为他的走过而主动让出通道；经常听到他与同学们吐字不清的笑谈声，也经常在不同活动场合听到同学们亲切地叫他旭哥。

小晨和小旭只是学校挖掘特殊教育需要学生潜能的一个侧面。平日里，学校还通过团队竞赛等活动课程，在教师们个别训练及日常的寻访中，关注特殊教育需要学生的优势，如某个学生擅长画画，某个学生擅长表达等。从学生的优势潜能出发，培养学生们更好的人格品质。在研究规律、服务需求中切实关怀每一个学生，感染每一个学生，促进每一个学生成长为适合自我和社会的人。

在学校系统构建，整体推进融合教育工作的进程中，学校得到了区特殊教育研究与指导中心的指导、扶助与有力支持。他们陪伴清河中学走过2013年的青涩与繁杂忙乱，及时给予有效点拨和诸多的总结、梳理、展示的机会，让学校不断收获并感受融合教育的成就与荣耀。学校先后获得海淀区示范资源教室、海淀区特殊教育先进集体，先后接待海淀区特殊教育管理干部培训班、内蒙古资源教师培训班交流活动；多名资源教师在市区特殊教育论文评选、资源教室训练课评比展示活动获得优异成绩等。融合教育工作任重而道远，但它却给了学校践行大爱的一方土地，学校会珍惜，教师们也会坚定走下去！于无声处坚守接纳、平等、无歧视的信念，让特殊教育需要学生和其他的花儿一样绽放自己的独特芬芳；于无声处全员协同、有效整合各方资源，让每一个个体在互相陪伴、理解欣赏中共享生命的美好。

第二节　融合之力　童心永驻

——首都师范大学附属小学资源教室运作与实践

一、学校融合教育情况介绍

学校以"童心教育"为办学理念，追求"人的发展"，关注"学生的成长"，关照"孩子的心灵"。学校、家庭、社会同心呵护童心、同心哺育童心、同心发展童心，使学生成为一个有率真性情、有关爱德行和有求索能力的人，为有"充满童心的幸福人生"奠定基础，让学校成为受人尊敬的真爱学苑和求索乐园。校园环境建设立足体现童心化，让校园的每一个角落、每一个场所、每一个建筑都能唤醒童心，使师生置身于真诚、温暖、欢乐的氛围中，让纯真、斑斓、有梦想的童年在这里得到雨露的滋润。在童心教育理念的环境下，让接受融合教育的特殊教育需要学生得到了最有力的保护和最大限度的发展。

依据海淀区教委小教科精神，在区特殊教育中心领导的关心和帮助下，在融合教育理念的引领下，结合学校倡导的童心教育办学理念，每年资源教室都会对新入学的一年级新生和二至六年级学生进行筛查。班主任根据平时各科教师对学生的观察表现评价进行推荐，和家长座谈了解情况，进而在资源教室进行初步测评筛查，再去专业医院专业科室进行测评。目前，学校接受融合教育的特殊教育需要学生13名在册，8名不在册。从班主任的班级管理、资源教师的专业辅导等各方面，这些特殊教育需要学生都得到了符合自身发展需要的教育与康复。学校整体融合氛围很好，任课教师能够用一颗平常心，从特殊教育需要学生的角度与他们相处，并给予相应的指导。班主任培养学生率真的性情，关爱他人的好品格，让普通学生用更高水平的社交能力和特殊教育需要学生和谐友爱相处。每每走进校园，就能感受到一群可爱的教师传递着爱的正能量，一群率真性情的学生传递着和谐之爱。融合教育是一种形式，更是一股力量，让每个生命公平、和谐地生活在一起，这就是融合教育在美丽校园散发出来的味道——"融合之爱"。在学校中，特殊教育需要学生和普通学生都生活得自在、快乐，真的是童心永驻首都师范大学附属小学。

二、资源教室制度建设

（一）管理制度

在宋继东校长的带领下，学校资源教室建成10年以来，形成了校长、副校长、德育主任、资源教师、班主任、任课教师自上而下的管理和协同合作的常态运行模式。同时，领导、教师

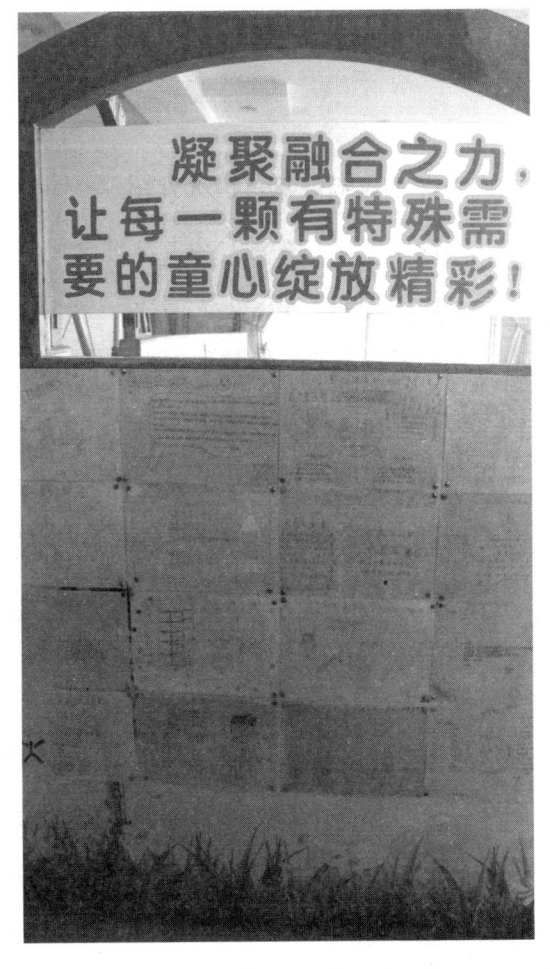

凝聚融合之力让童心永驻

分工明确并形成合力，家长协同配合参与，结合学校"家校共育童心"的教育理念，一支特色化的团队日益强大，形成一股"凝聚融合之力让童心永驻"的文化氛围。

表 9-3　资源教室管理项目与内容

项目	内容
资源教室管理制度	1. 资源教室是对特殊教育需要学生进行特殊训练的场所，禁止无关人员入内；进入室内要套好鞋套。 2. 学生在资源教室的活动、训练期间，不得随意外出，每次人数不要太多，加强监控。 3. 资源教室中学生的信息不能泄露给不相关人员。 4. 随时检查训练器材、学具、玩具的安全性，定期维修、更换，保持完好。 4. 资源教室的图书、器材、软件应妥善保管，不得遗失。 5. 保持资源教室的通风、干燥、清洁，做好安全防卫工作。 6. 凡经允许进入室内的人员，在借阅档案资料或使用结束后，要把使用物品放回原处，确保资料及设施的完好无损。 7. 领导每周都要认真检查、巡视，发现并解决问题。
资源教师职责	1. 资源教师负责对普通班级教师转介来的学生进行初步筛查以及进行相关的评量。 2. 资源教师应在学生入班 1 周至 4 周内，根据学生的评量结果，会同普通班级教师共同拟订个别化教育计划并实施。 3. 资源教师应根据学生的个别差异和需要，制订个别化教育计划，合理安排训练课程，进行辅导。 4. 资源教师应建立与原班教师和学生家长之间的密切联系，为他们提供必要的咨询服务及追踪辅导。 5. 对到资源教室接受特殊服务的学生进行心理辅导与教育。 6. 每次活动结束后，资源教师要认真填写资源教室活动手册，活动手册用完之后要存档保存。 7. 资源教师有义务参加市、区的各级各类特殊教育培训，不断提高自身的素质。 8. 执行好资源教室的管理制度。 9. 资源教师按照规定享受随班就读教师津贴。
班主任职责	1. 结合特殊教育需要学生的障碍和特点制订合理的个别化教育计划并实施。 2. 建立和谐、友爱的班级文化氛围，尊重、呵护、帮助特殊教育需要学生发展。 3. 完成普特家长的沟通工作。 4. 享有学校特教津贴作为奖励。 5. 参与特教相关培训并撰写论文。

续表

项目	内容
任课教师职责	1. 任课教师要积极主动配合班主任、资源教师，尊重、呵护、帮助特殊教育需要学生发展。 2. 任课教师要针对特殊教育需要学生的实际，制订可行的个别化教育计划并落实。 3. 任课教师要根据特殊教育需要学生的实际情况，布置适当的作业练习或能够完成的任务。 4. 任课教师对特殊教育需要学生要进行符合自身发展水平的综合性评价。 5. 任课教师要积极进行特殊教育的研究工作，认真探索规律，总结经验，撰写论文。 6. 每学期对能够认真完成随班就读工作的教师，学校给予奖励。

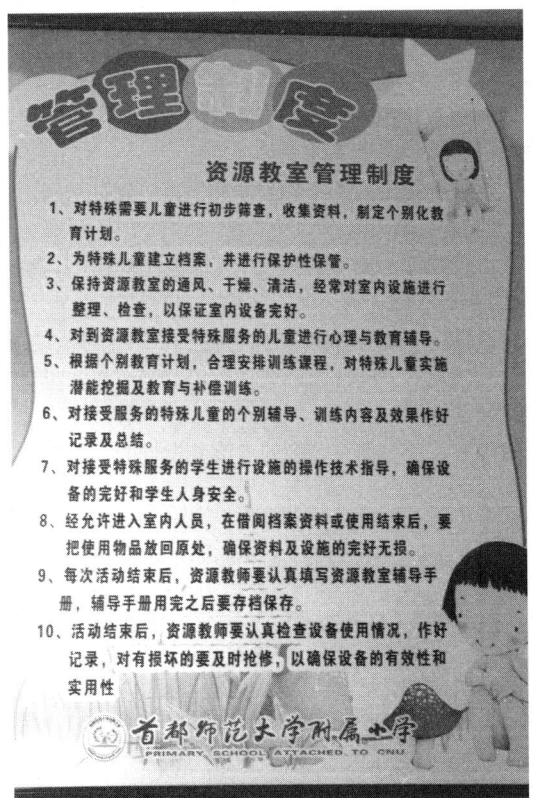

资源教室管理制度

（二）资源教室的功能与工作流程

为了更好地为特殊教育需要学生提供适合的服务，为了能给班主任、任课教师提供支持性服务，为了能给家长提供对特殊教育需要学生进行教育训练的资料、方法及指导咨询服务，在学校领导大力支持下，资源教师的专业和实践经验让学校资源教室功能得到了充分的发挥。学校获得资源教师上岗资格证书的教师3人，特殊教育专业教师2人。他们完成了资源教室的个案管理、教育心理诊断、制订个别化教育计划、教学支持、学习辅导、心理辅导、补救教学、康复训练、教育教学评估、教师培训、家长培训、信息供给与技术支持等工作。同时，专家团队引领、家长辅助与学校管理运营无缝衔接形成合力。因此，为充分发挥功能，落实具体工作，资源教室形成如表9-4所示的工作流程。

表9-4 资源教室工作流程

时间	内容
第1周	（1）准备工作：布置资源教室环境。 （2）筛查和转介学生工作。 （3）制订并解读资源教室运行计划。 （4）学校领导、资源教师、班主任、任课教师集体商讨教研内容。
第2周	（1）为特殊教育需要学生制订个别化教育计划。 （2）结合学生情况设计不同的课程。 （3）与班主任、任课教师共同制订有需要学生的个别化教育计划。
第3周	（1）逐一召开特殊教育需要学生的家长会，讨论个别化教育计划。 （2）修改和再完善个别化教育计划。
第4-18周	（1）资源教室课程的全面落实。 （2）每月教研学习活动的全面展开。 （3）班主任、学科教师个别指导的全面展开。 （4）每月一次资源教室经验交流活动的展开（学校间的经验分享）。 （5）特教专家的融合教育理念培训活动的落实。 （6）每月1—2次家长培训的展开。 （7）每周一次教师、家长教育咨询的展开。 （8）资源教师、班主任、任课教师沟通协商处理学生问题。

续表

时间	内容
第19-20周	（1）总结个别化教育计划的落实情况。 （2）召开家长会共同探讨发展方向。 （3）资源教师、班主任、任课教师总结本学期成果，并制订下学期的个别化教育计划的方向。

资源教室功能

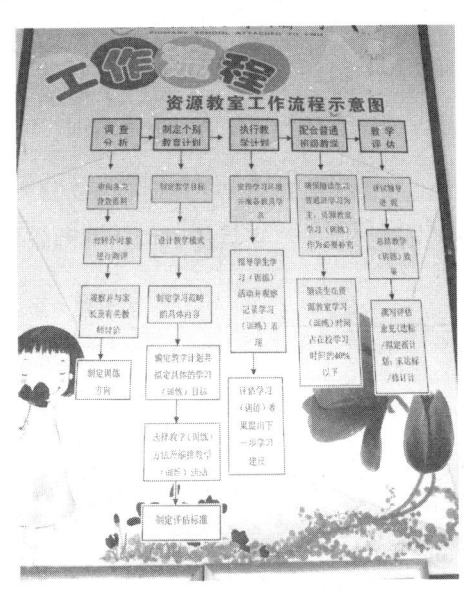

资源教室工作流程

三、资源教室运行工作的实施情况简述

（一）教育筛查、IEP的制定

开学第一周为随班就读学生进行评估，制订个别化教育计划，并与家长沟通计划，确定本学期随班就读学生的整体课程规划。通过评估，资源教师基本了解每名随班就读学生情况并根据每名学生情况，制订具体到每节课的教学计划，同时整合教学目标，使教学有共性，也有个性差异。

近两年，资源教师根据学生的共性特点和个性差异制订课程目标及教学内容。如以提高随班就读学生的语言表达、逻辑思维能力为核心训练点开展主题教学,并在主题中让学生解决问题以提高学生的记忆力、观察力、配对等能力。根据随班就读学生的语言表达情况和逻辑思维能力水平,确定"语言表达能力"是指在主题情境下能用词准确,语意明白,能把客观事物表述得清晰、准确;"逻辑思维能力"是正确、合理思考的能力。在教学的实施过程中,资源教师秉承上述目标和随班就读学生本身的学习特点,制订教学计划,安排教学内容。针对部分同学资源教师从社交故事中的情境入手,促进学生沟通能力与逻辑思维能力的提高。因此,结合随班就读学生注意力不集中、语言情境理解差、思维逻辑性差、合作意识淡薄、动手操作能力差等特点,在课堂活动中,资源教师尝试通过社交故事、有趣的逻辑思维训练、动手活动等内容帮助随班就读学生提高能力。同时,资源教师通过与家长召开IEP会,与家长达成一致,共同完成训练计划。

资源教师与家长一起讨论 IEP

小组课结合学生在社会交往中的问题,抓住共性问题,结合差异,活动安排具体到每周,如表9-5所示。

表9-5 资源教室小组课——社交故事课程计划

训练课时	每周 1–3 课时
学生姓名	葛××、刘××、闫××
训练目标及各周安排	
葛××	1. 沟通领域：了解常用的社交规则，尝试理解并运用正确的语言进行沟通；能在社交情境中正确表达并回应别人；尝试独立进行有计划、有步骤的理解情境和解决情境中的问题。 2. 生活常识：生活中如购物、规划生活、规划作息等内容的了解。
刘××	1. 沟通领域：了解常用的社交规则，尝试理解并运用正确的语言进行沟通；能在社交情境中正确表达并回应别人；提高语言在情境表达中的有效性。 2. 情绪管理：情绪的宣泄与放松。
闫××	沟通领域：了解常用的社交规则，尝试理解并运用正确的语言进行沟通；能在社交情境中正确表达并回应别人；尝试独立进行有计划、有步骤的理解情境和解决情境中的问题；减少打人行为的发生。
时间	教学内容
9月	
第二周	主题：我喜欢交流 1. 社交故事：聊天的礼仪（1）（别人谈话，我可以怎么做？当我听不懂别人说什么，我可以怎么做？） 2. 思维训练：复习聊天的步骤 3. 语言表达：聊天时的语言表达
第三周	主题：我喜欢交流 1. 社交故事：聊天的礼仪（2）（见到喜欢的小朋友，我可以怎么做？当我需要别人帮助时，我该怎么做？） 2. 语言表达：聊天时的语言表达
第四周	沙盘游戏及解读 （摆沙盘、学生情境解读、学生尝试确定主题、引导讲细节故事）

续表

时　间	教学内容
10月	
第二周	我和我的好朋友 1. 社交故事：同伴交往（1）（想玩同学的东西，我该怎么做？别人向我借东西，我该怎么办？） 2. 语言表达：在上述情境中进行合理的语言表达 3. 思维训练：总结自己的做法
第三周	我和我的好朋友 1. 社交故事：同伴交往（2）（怎样拿回自己的东西？别人不想借给我物品，我该怎么办？） 2. 语言表达：在上述情境中进行合理的语言表达 3. 思维训练：总结自己的做法
第四周	沙盘游戏及解读 （摆沙盘、学生情境解读、学生尝试确定主题、引导讲细节故事）
11月	
第一周	我生活的学校（1） 1. 社交故事：在学校里（学校是什么地方？上课为什么要认真听讲？） 2. 语言表达：说说我的学校都有什么？
第二周	我生活的学校（2） 1. 社交故事：在学校里我可以做 2. 思维训练：规划学校生活 3. 语言表达：我的课余生活
第三周	主题：生日聚会 1. 社交故事：生日会上的原则和步骤 2. 思维训练：生日会的准备工作的规划 3. 语言表达：生日会上，我要怎样表达
第四周	沙盘游戏及解读 （摆沙盘、学生情境解读、学生尝试确定主题、引导讲细节故事）

续表

时 间	教学内容
12 月	
第一周	主题：爸爸妈妈外出了 1. 社交故事：爸爸妈妈外出时 2. 思维训练：规划我的作息生活 3. 语言表达：爸爸妈妈外出时，我可以怎样做？
第二周	购物 1. 社交故事：快餐店购买食品的步骤 2. 思维训练：生活中的专卖店（水果店、服装店、玩具店等） 3. 语言表达：购物技巧的表达
第三周	主题：我的假期 1. 社交故事：什么是假期？ 2. 生活常识：认识日历、日期
第四周	沙盘游戏及解读 （摆沙盘、学生情境解读、学生尝试确定主题、引导讲细节故事）

（二）资源教室学习活动及课程安排

1. 资源教室学习活动及课程的原则

结合随班就读学生的发展特点，以及建立和谐、稳定的融合校园环境，在资源教室中重点落实以下几个原则：

（1）直观性原则：学习内容符合随班就读学生的认知水平，需要掌握的技能在其最近发展区。

（2）支持性原则：找准随班就读学生障碍特点进行补偿教学或同伴、教具等社会支持。

（3）社会化原则：学习内容能够应用到生活中，或是补偿障碍，或是可以促进随班就读学生社会适应能力的提高。

（4）趣味性原则：学习内容的教学环节设计符合随班就读学生的喜好，

做到有意思，学生喜欢。

（5）有效性原则：学习内容能够解决学生有待解决的问题。

（6）时间合理性：随班就读学生的课程安排时间选择要扬长避短，班集体中学习效果好的课不占，喜欢学的课不占，有发展潜能的课不占，占用学生课表中与学生发展水平相差最远的课。

2. 资源教室教学形式

结合随班就读学生的发展潜能和急需解决的问题，资源教室的课一般包括：个训课、随班就读学生间的小组课、随班就读学生与班里伙伴的小组课、团体心理辅导课、社会实践课。

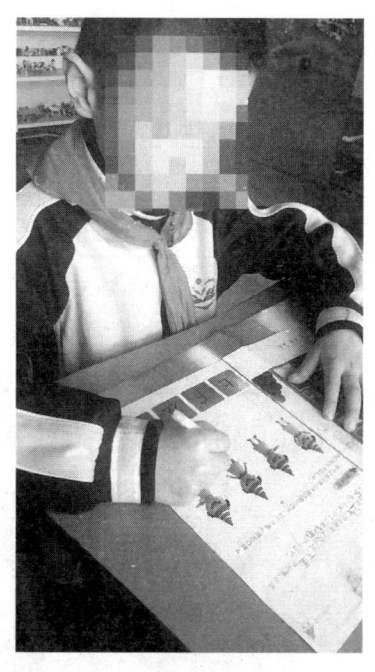

言语训练课

团体社交故事课

表 9-6　资源教室教学形式示例

情境	教学形式
语言训练：《我的家人》	个训课
社交故事：超市购物	随班就读学生间的小组课 + 社会实践课
处理问题：抱隔壁班女生	随班就读学生与班里伙伴的小组课
处理普特学生之间的矛盾，建立良好班级融合氛围	团体心理辅导课

3. 资源教室课程运行情况简述

（1）课程实施之主题教学

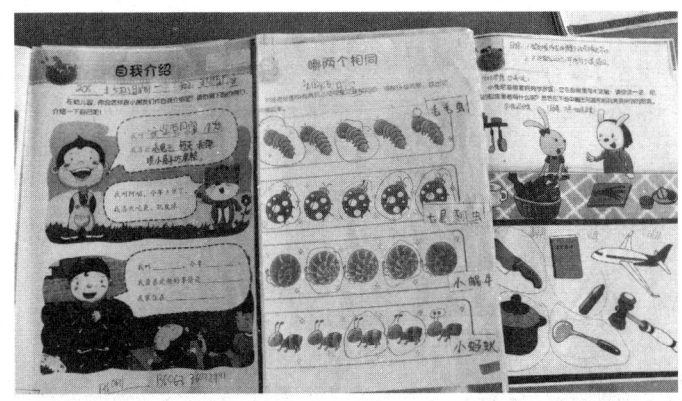

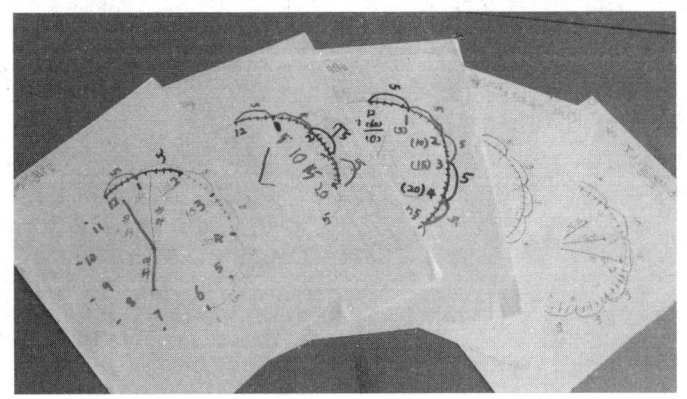

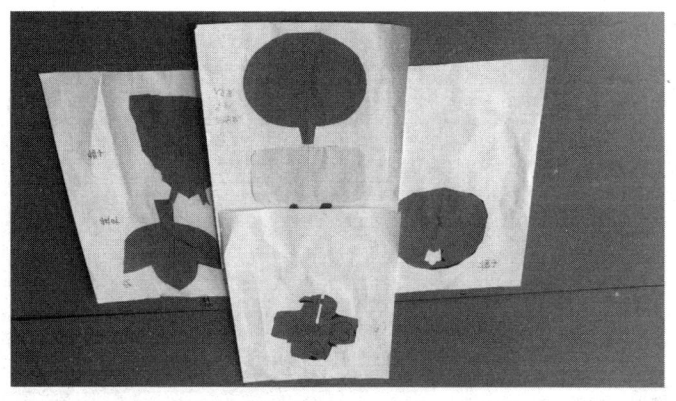

主题教学的素材

资源教师寻找多种主题的素材,包括观察力、注意力、记忆力、人际交往能力、语言表达能力等各方面的书籍,从中选择适合学校随班就读学生学习的小主题。结合随班就读学生的生活环境、能力程度、急需解决的问题,通过一些情景、常识的图片入手,在学生可以完成的主题情境中,以语言表达能力、社会交往技巧、逻辑思维能力为核心训练点。此外,因个体差异增加常识理解、精细动作训练和情绪调整等目标,并将这些目标尽量整合起来,在一个主题下完成。

(2)课程实施之社交故事

在普通小学接受融合教育的孤独症学生大多是中轻度水平,有一定的语言表达、思维能力、社会交往能力与同伴沟通意愿,但也存在表达不准确、语言逻辑混乱、攻击性行为、同伴冲突等问题。在资源教室开展社交故事课程,对于提高其社会交往能力有很大帮助。课程实施包括三个部分:第一,制订课程方案;第二,社交故事的编写;第三,课堂教学。结合大多数孤独症学生的问题,可能有如下主题情境:关注身边的人,同伴交往中的表达、礼仪,聊天的礼仪,我生活的学校,今天我当家,我是小客人,购物、乘车中问题的解决和我的假期生活等。社交故事的呈现可将孤独症学生生活情境和不恰当行为拍成照片,配上相应正常的社交规范语言文字,符合社交情境中的合理表达。

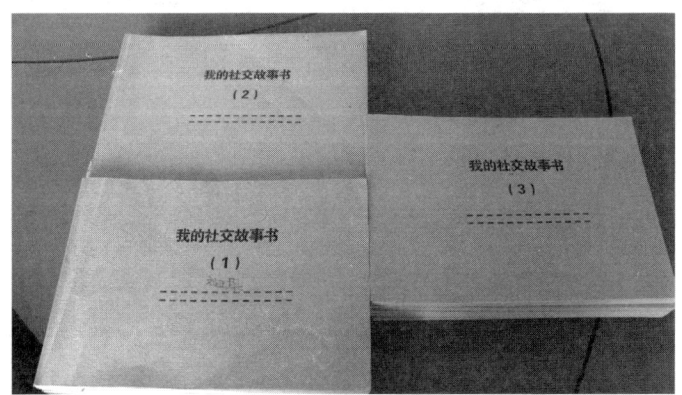

社交故事教学的素材

（3）课程实施之补偿教学

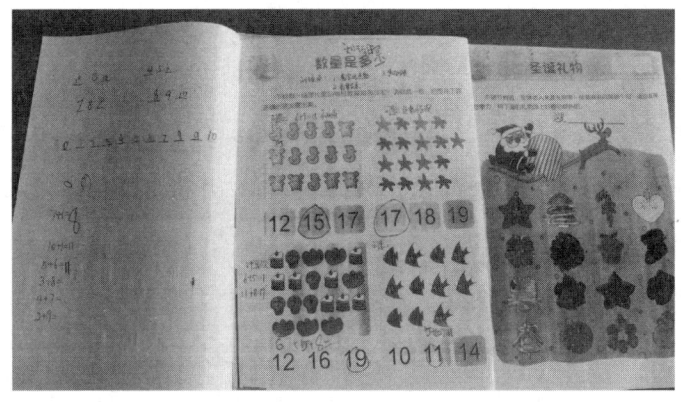

补偿教学的素材

在补偿教学方面主要是根据特殊教育需要学生的发展潜力、需要处理的问题进行个别化辅导，包括心理辅导、作业治疗、社会适应能力、感觉统合方面的康复训练。如针对不能很好完成社交故事内容的学生增加了在社交情境中尝试语言表达，如我爱爸爸妈妈、自我介绍、看望爷爷奶奶、我们一起玩、早上好晚安、去阿姨家做客、欢迎来我家、在餐厅、借给你用吧、向老师问好、我们一起玩、谢谢您、打电话、接电话等内容；为有思维发展潜能的同学安排了思维识记小游戏（如数字魔方、成语识记、七色花、可爱的动物、方格记忆、数图对应、电话号码、火车出发了、倒背数字、水果与数字、可爱的脸等）；为精细动作不佳、表达不清楚的学生安排了身体平衡能力、大运动训练和小儿歌等有趣味性的活动；为一年级的小朋友安排了直观有趣的绘本故事；为需要心理辅导的有攻击性行为的多动症学生安排了每周一次的沙盘游戏课。

4. 资源教室课程运行效果

资源教室整体运行良好，特殊教育需要学生康复情况处于稳步上升阶段。从资源教室的康复效果上来看，每个随班就读学生在语言表达、注意力、观察力、思维能力、社会交往能力上都有不同程度上的提高。资源教室有限的环境给予学生的训练是有限的，但是却在最大限度地辅助学生，使其更好地适应班级环境，取得更大的进步。

四、聚焦班级，发挥资源教室的功能，凝聚融合之力成常态

（一）校园走动式教研和家长培训与交流同步进行

为了更好地推进学校融合教育的发展，学校开展家长和教师同伴分享活动，家校形成合力，帮助每一位特殊教育需要学生得到最优化的发展。

表 9-7　学期教研、分享活动计划表示例

时　间	教学内容
3 月	
家长培训	妈妈分享心得体会（从与教师相处、同伴相处角度谈）。
家长培训	陪读陈老师分享心得体会（从同伴交往、生活自理、学习角度谈）。
伙伴分享	案例分享：交流班里的孤独症儿童的融合情况、解决对策。

续表

	4月
家长培训	家校合作助孤独症儿童成长中家长应该怎样做？
家长培训	普小数学课与孤独症儿童的思维能力训练之间的差异比较。
伙伴分享	案例分享：交流班里的孤独症儿童的融合情况、解决对策。
	5月
家长培训	在生活情境中培养孤独症儿童的社交能力。
家长培训	如何运用社交故事训练孤独症儿童沟通技能。
伙伴分享	案例分享：交流班里的孤独症儿童的融合情况、解决对策。
	6月
家长培训	语文课上，孤独症儿童应该注重什么？
家长培训	家长分享本学期孩子的进步与心中的困惑。
伙伴分享	案例分享：交流班里的孤独症儿童的融合情况、解决对策。

（二）融合班级管理策略

班级管理是教师正常开展教学活动的保障，智力障碍学生、孤独症学生等存在不同的障碍，表现出的情绪行为问题相对较多，诸如自我控制能力、学习、情绪、文明礼仪、社会交往等方面较差，为班集体培养良好的行为习惯带来了诸多困难，也为他们更好地与普通学生融合带来了阻碍。为此，资源教师结合班级随班就读学生的行为特点与班级管理实践，提出了一系列有效的融合班级管理策略。首先，利用班级文化建设环境给予随班就读学生大量视觉提示，建立普特学生都懂的班级规范。其次，在教育活动中培养随班就读学生良好的行为习惯，形成积极的普特融合环境。此外，家校配合强化养成教育，形成良好的融合氛围。为此，资源教师制定了《随班就读学生××家庭劳动岗记录反馈表》（见表9-8）和《随班就读××学生一日行为管理反馈表》（见表9-9）。

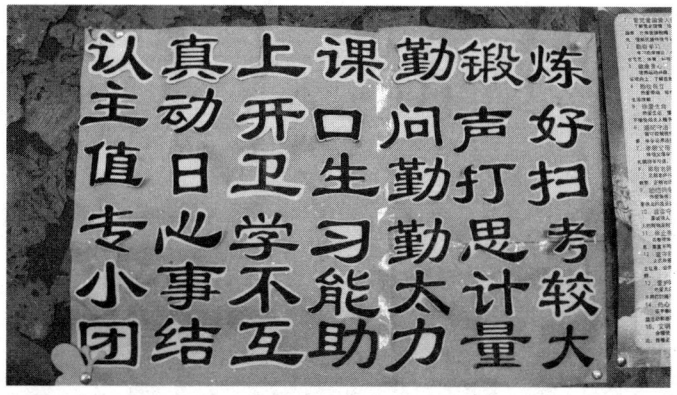

普通班级视觉提示

表 9-8　随班就读学生 XX 家庭劳动岗记录反馈表

圈出自己在家的劳动内容：

1. 自己穿衣服；2. 自己铺床叠被；3. 自己洗袜子；4. 擦桌子；5. 摆碗筷；6. 洗碗；7. 择菜；8. 扫地；9. 墩地；10. 倒垃圾；11. 自己整理物品（书包、玩具）

	周一	周二	周三	周四	周五	周六	周日
独立完成							
帮助完成							
未完成							

表 9-9 随班就读 XX 学生一日行为管理反馈表

领域	3月目标	周一	周二	周三	周四	周五
学习	1. 语数英听讲，并完成会写的作业。					
	2. 科任课，不打扰别人学习。					
同伴交往	1. 不动手打人。					
	2. 不勒同伴脖子。					
	3. 借东西等别人答应再动手拿。					
遵守时间	1. 每天坚持上操，不迟到。					
	2. 12:30-13:00 活动不打架，按时回班。					

（三）教师、家长通力合作，及时处理随班就读学生突发问题

每个随班就读学生在每天的生活中，都会出现情绪、社会交往等方面的问题，为此，资源教师克服了诸多困难，做到了学校领导、家长、班主任、任课教师、资源教师聚融合之力，及时解决学生的问题。

表 9-10 随班就读学生突发问题与指导建议

突发问题	咨询指导
A 知道自己是孤独症，并情绪波动	1. 资源教室的训练课上加入"我的优点与缺点"的社交故事。 2. 与家长沟通，引导 A 正确面对自己的障碍问题。 3. 班主任在班会上和学生们一起了解 A，友善、宽容地与 A 相处。
A 同学用不适当的语言与同学聊天（如：我把你放进洗衣机，卷成肉饼啦）	1. 资源教室的训练课上加入"怎样与别人聊天"的社交故事。 2. 与家长制订家庭训练计划，选择一些主题与 A 聊天。 3. 班主任在班会上和学生们沟通如何与 A 相处。
B 在学校里乱跑，没有规则意识问题的处理。	1. 资源教室的训练课上安排"我的一日生活"的社交故事。 2. 与家长沟通，制订一日生活规律表格，每天完成。下学期继续坚持。 3. 班主任、小组其他成员协助其完成"我的一日生活"。

续表

突发问题	咨询指导
C 情绪问题的处理	1. 指导家长如何陪读。 2. 与班主任、任课教师达成共识： （1）完成任务及时奖励，C 喜欢大枣夹核桃。 （2）有规律安排学校一日生活，不要有太多变化。 （3）尖叫时，肢体安抚。
D 喜欢乱跑问题的处理	1. 观察发现 D 学业不良，如：数学 20 以内加减法不会；生活习惯不好，没有规则意识。 2. 建议去医院进行评估检查，与领导、班主任及任课教师一起分析 D 各方面情况。 3. 指导家长如何配合班主任一起培养 D 的规则意识和遵守规则的能力。 4. 班会上和学生们沟通，多鼓励 D。
E 情绪问题、攻击行为问题的处理	1. 观察发现 E 学习能力比较强，也很善良，同伴交往中处理问题时易怒，会有攻击行为。 2. 分析 E 同伴交往、家庭环境需要调整的部分。 3. 指导家长如何配合班主任调整 E 的情绪问题，建议家长多带 E 出去进行运动、游泳等亲子活动，并改善家庭环境，使学生获得更多关爱。 4. 与班主任、任课教师达成一致：多鼓励、少批评，少限制，降低标准的同时软硬兼施，把握好度。 5. 班主任在班会上和学生们沟通如何与 E 相处，并减少 E 对自己的伤害。
F 揪同学辫子、坐地上打滚、讲不文明的语言等问题	1. 在资源教室的训练课上通过社交故事针对不文明行为进行纠正。 2. 课下坏行为刚要发生时及时制止；鼓励 F 好的行为，并奖励发卡、小橡皮；引导 F 辨别好行为和坏行为。 3. 班主任在班会上和学生们沟通如何与 F 相处。

（四）专家引领、同仁经验交流激荡智慧的火花

为了保证学校资源教室高品质运转，校领导学习融合教育相关政策把握大局。资源教师积极参与市、区级各项融合教育培训，将新理念与学校教师分

享并应用到日常工作中去。同时,学校还与校外康复机构合作,共同致力于新生的筛查和特殊教育需要学生的康复训练。2016年11月,台湾专家进入学校开展了一场教师与家长共同参与的融合教育培训体验会。另外,近两年学校资源教室接待特教同仁共同交流经验,如:北京师范大学特殊教育博士、其他融合学校校长前来访谈,并旁听资源教室的个训课;内蒙古自治区教育厅厅长及一线学校校长,以及来自泉州、南京等地的学校校长前来交流经验。总之,专家的引领、同仁的经验交流激荡起智慧的火花,为学校资源教室工作的运行提出了宝贵的建议,为融合教育助力。

台湾专家到资源教室参观交流

综上,学校的融合教育从来都不是一个人的战斗,学校领导、家长、班主任、任课教师、资源教师一起凝集融合之力,发挥自己所长,用耐心、爱心为随班就读学生创造美好的校园与班级融合环境,让他们在校园里过着有童心和丰富多彩的校园生活。

内蒙古自治区教育厅厅长等前来参观交流

四、故事分享——融合之爱让童心永驻首都师范大学附属小学

在资源教室中,资源教师用自己的专业经验和使命以及无限的耐心帮助特殊教育需要学生获得成长。在班主任、任课教师的工作中,他们将这种融合之爱传达给每一个身心健康的学生,让他们懂得尊重每个生命就是要和他们自然地和睦相处,没有歧视,没有排挤。于是,每天都有很多平凡、真实的故事发生在我们身边,感动着每一位教师和同学。渐渐地,这个校园是如此的和谐、童真!

案例一 欢乐的小鱼,幸福地游!

每每大课间,首师附小的校园就变成欢腾的海洋。孩子们像快乐的鱼儿,成群结队,嬉戏玩耍。一条特殊的"小鱼"牛牛,自我陶醉地游走在校园的每一个地方,在斑斓的"鱼群"中穿梭,从来不和其他小鱼儿有交集。不管春夏秋冬,牛牛总喜欢撸起袖子在操场上奔跑,用胳膊感受不一样的温度。牛牛进过广播室,打开喇叭对全校师生"播音";他为了看餐车转动的轮子,多次跟随餐车进入老师正在用餐的食堂。牛牛用自己的方式,在好奇心驱使下，"探究"过学校每个楼层和角落。

在班里，牛牛被分到了合作四人小组里，小组的成员在老师的帮助下慢慢地了解牛牛的不一样，懂得与牛牛相处的合适方式和禁忌。最初，学校里的任何活动，小伙伴都拉着牛牛参加，牛牛刚开始不能接受，还闹过小情绪。在老师和同伴的体谅与细心指导下，他慢慢体会到这是和以往不太一样的生活方式，渐渐习惯性地接受了。最让我感动的是，不管是体育节还是六一活动，牛牛这个组里的"小累赘"总是和同伴黏在一起，不离不弃的。渐渐地，牛牛的快乐更多了，因为，他融入了这片汪洋大海，他不再是一条孤独的小鱼，而是一条开始和别人有交集，被同伴接纳和欣赏的快乐小鱼。

源于同伴的支持和欣赏、老师的支持，上课铃一响，牛牛脸上总是洋溢着满满的喜悦和神圣感。虽然他在课堂上获取知识有限，但上课这种"仪式感"让他非常喜欢，有一种"我和别人是一样的"的感受。升旗或者课间操，牛牛能较好地站在班级队伍里完成每一个动作。牛牛还和同伴学会了跳绳、踢足球等运动项目。

走进资源教室，这里便成了牛牛最好的休憩港湾和情绪出口。沙盘游戏、注意力训练、思维训练、社交故事训练，都是牛牛喜欢做的项目。通过康复训练，牛牛可以做到安静听讲，注意力慢慢由无意注意向有意注意过渡。在社交故事的课程中，几个同伴和牛牛一起参与情境表演，牛牛掌握的同伴交流方式越来越多了，不再抱别的同学了。在和班级同伴交往中，牛牛大大的眼睛不再迷茫冷漠游移，能够目光热切地看着老师和同伴，感受每一张不一样的脸上的表情，并用合适的语言进行交流了。

这就是这片丰富的海底世界带给牛牛的幸福。我们依旧能够看到那个小小的身影，撸起袖子在操场上和身边的小鱼比赛奔跑。我不禁感叹：这条小鱼在我们身边真的不那么特别了，因为有老师、同学们和他一起游！

案例二　妈妈的担忧与喜悦

我们的孩子阳阳是一名孤独症儿童，刚上小学一年级，我们对他的小学生活忧心忡忡。回忆过往半年的经历，感慨万千。开学伊始，孩子对新环境很不适应，在课堂上大声喊叫、哭闹，不好好坐着，拒绝写字。那段时间我们的心情真是糟透了，感到很绝望。

当我们担心孩子影响课堂，引起家长不满时，班主任老师安慰我说："没关系，我来和他们解释！"在我们觉得孩子已给班上添乱，不敢奢求老师对我们有多好的时候，班主任老师默默地关心着阳阳，从早上和他的每一个弯腰对视问好、再到课堂作业巡查时轻抚阳阳说一句"阳阳写得真努力！"都让阳阳觉得"有人关心真好！"就连体育课的孙老师，一个大男孩都那么耐心，安抚着阳阳的头，说："阳阳，来！孙老师和你一起跳，别急！"

当我们担心阳阳可能受欺负或无人理睬的时候，班主任老师已在悄悄地引导班上同学帮助着阳阳。孩子们出操时拉着阳阳一起跑，跑步比赛时为他加油，有爱心的小女孩们还在他学习有困难时，手把手地帮助他完成作业。

当别的和阳阳一样是孤独症孩子的家长抱怨他们的学校没有资源教室、资源老师，没有特殊帮助的时候，资源教室和资源老师成为他们羡慕的对象。在我们觉得自己是那么特殊，那么和别人不一样的时候，我们看到资源教室的老师，就像找到了组织，不再孤立无援。在资源教师的帮助下，阳阳的记忆能力、执行执行指令、注意力、语言表达能力明显提高，当我们问阳阳在校一天情况的时候，他不再是一问三不知，而是能回忆出今天上的课程、有没有到操场出操、在学校吃的饭菜。同时，阳阳的心理压力得到缓解，不良情绪得到疏导。

回想这一年来的每一天，都是在老师和大班里孩子们的理解、关心和帮助下度过的。阳阳是不幸的，但是，我们却有幸在首师大附小收获了大家满满的爱！

案例三　拉着他一起走

他是一个孤独症的小男孩，长相清秀，却每天快乐地生活在班集体中。起初来到学校，他面对这样一个完全陌生的环境，显得那么无助。沉浸在自己世界里，他每天喜欢发呆，看看窗外、看看黑板、看看班里的花花草草，从来不会主动关注班里的其他的小伙伴。班主任老师见了很难过，特别希望能帮助他。于是，和蔼的班主任老师将他放在学习小组里，让大家每天和他交流，每天教他识字。就这样，他开始关注身边的伙伴了。每当集体汇报时，他能学着组里的其他小伙伴，一样用自信的语言，铿锵有力地表达："我们小组汇报完毕，谢谢大家！"渐渐地，班里的小伙伴们也不再用异样的眼光看着他，更多的是把他当成一个需要帮助的小弟弟来照顾。快乐的体育节到了，孩子们快乐地涌出教室，参加自己喜欢的项目。这时，小小的他没有孤单，班里的每一个人参加项目的时候都会拉着他一起。

正是这份融合之爱，正是这份童心，才使得特殊教育需要学生得到茁壮成长，才使得"呵护童心、保卫童心"的理念如此生动鲜活。这种"融合之爱"是一种传递爱与正能量的氛围，激发了那些身心健康的学生最善良的童真和最率真的性情。这种"融合之爱"也是培养学生懂得尊重生命、良好德行的土壤，让其"有爱的品质"用最自然的方式根植于心。

参考文献

[1] 爱德华,加德纳.智能的结构(第一版)[M].沈致隆,译.北京:中国人民大学出版社,2008.

[2] 北京市教育委员会,北京市特殊教育中心.随班就读教师基础知识与技能[M].北京:知识产权出版社,2013.

[3] 北京市教育委员会等.关于进一步加强随班就读工作的意见[Z],2013-01-11.

[4] 陈云英,周卫.中国一体化教育改革的理论与实践——上海市随班就读教育改革[M].北京:新华出版社,1997:46.

[5] 邓猛,景时.从随班就读到同班就读:关于全纳教育本土化理论的思考[J].中国特殊教育,2013(08):3-9.

[6] 教育部办公厅.普通学校特殊教育资源教室建设指南[J].现代特殊教育,2016(03):9-12.

[7] 李娜,张福娟.上海市随班就读学校资源教室建设和运作现状的调查研究[J].中国特殊教育,2008(10):66-72.

[8] 李妍伶.成都市随班就读学校资源教室建设和运作现状与发展对策研究[D].成都:四川师范大学,2015.

[9] 刘春玲,江琴娣.特殊教育概论[M].上海:华东师范大学出版社,2008:29.

[10] 刘慧丽. 融合教育理念下资源教师角色的指导模式研究 [D]. 武汉：华中师范大学，2013.

[11] 刘明，邓赐平. 美英特殊儿童评估现状及启示 [J]. 中国特殊教育，2009（09）：14-18.

[12] 罗崇敏. 三生教育论 [M]. 北京：人民出版社，2013.

[13] M. 朗达·福利奥，丽贝卡 R. 弗维尔. PEABDDY 运动发育量表（上册）（第二版）[M]. 李明，黄真，主译. 北京：北京大学医学出版社，2006.

[14] 潘镭，张延书. 完善随班就读支持保障体系，推动宣武特教内涵发展 [J]. 中国特殊教育，2008（01）：93-96.

[15] 彭霞光. 把握资源教室建设指南的精髓 健全随班就读支持保障体系 [J]. 现代特殊教育，2016（05）：5-7.

[16] 孙颖. 北京市资源教室建设现状与发展对策 [J]. 中国特殊教育，2013（01）：20-24.

[17] 王和平. 随班就读资源教师职责及工作绩效评估 [J]. 中国特殊教育，2005（07）：37-41.

[18] 王梅. 孤独症儿童课程与教学设计 [M]. 北京：北京大学出版社，2014.

[19] 王培峰. 中国特殊教育政策：总体结构及其问题——基于特殊教育政策文本的分析 [J]. 中国特殊教育，2015（06）：70-78.

[20] 王振德. 资源教师的角色功能 [J]. 小学特殊教育，1986（06）：30.

[21] 王振德. 资源教室的理念与实施 [J]. 中国特殊教育，1997（03）：22-26.

[22] 伍新春，胡佩诚. 行为矫正 [M]. 北京：高等教育出版社，2005.

[23] 徐美贞，杨希洁. 资源教室在随班就读中的作用 [J]. 中国特殊教育，2005（03）：13-18.

[24] 郑瑞芳. 做一件幸福的事 [M]. 北京：中国人民大学出版社，2013.

[25] 朱智贤. 儿童心理学 [M]. 北京：人民教育出版社，1980.

[26] 王和平. 特殊儿童的感觉统合训练[M]. 北京：北京大学出版社，2011.

[27] Deng M., Wang S., Guan W., et al. The development and initial validation of a questionnaire of inclusive teachers' competency for meeting special educational needs in regular classrooms in China[J]. International Journol of Inclusive Education, 2016 : 1-12.

[28] Mu G M., Wang Y., Wang Z., et al. An Enquiry into the Professional Competence of Inclusive Education Teachers in Beijing: Attitudes, Knowledge, Skills, and Agency[J]. International Journal of Disability, Development and Education, 2015, 62（06）:1-19.

后 记

《资源教室建设方案与课程指导》一书提炼了海淀区资源教室建设与运作工作的精华，其出版对于推动区域内乃至全国资源教室工作的发展具有重要意义。本书不仅展现了海淀区对资源教室项目的区级管理制度及内容，更宝贵的是多所学校在资源教室软硬件建设上所做的不懈探索与取得的卓越成果，对于资源教室工作的实践与推广具有重要参考价值。

本书包括九章内容，第一章资源教室的理论概述，由北京市海淀区特殊教育研究与指导中心王红霞撰写；第二章资源教室的管理与运作机制，由中国人民大学附属中学翠微学校王英敏和海淀区实验小学刘莉、王彦天撰写；第三章资源教室的环境建设，由北京市八一学校附属玉泉中学陈雨樵和海淀区花园村第二小学刘惠来撰写；第四章资源教室的课程设置，由中国农业大学附属中学党琪和中国人民大学附属小学周俞、刘文静、付瑶撰写；第五章资源教室的教学实践，由北京中法实验学校李英和海淀区永泰小学刘翠红撰写；第六章资源教师队伍建设，由北京理工大学附属中学南校区卢子丽和海淀区图强第二小学肖丽平撰写；第七章资源教室的支持与保障、第八章资源教室的评估，由北京市海淀区特殊教育研究与指导中心王艳杰撰写；第九章资源教室运作与实践案例分析，由北京市清河中学邓丽萍和首都师范大学附属小学郭新星撰写。

在此，谨向所有参与本书著录的学校及其教师表示诚挚谢意，感谢学校领导对资源教室工作的关注与支持，感谢资源教师对融合教育工作的热爱与付出。资源教室建设与运作成果的取得始终依靠海淀区特殊教育研究与指导中心的专业指导以及学校融合教育校本化的探索创新，两者的精诚合作缔造了海淀区资源教室工作的卓越成就。

在未来的发展道路上，海淀区特殊教育研究与指导中心仍将与各学校密切合作，引领资源教师专业发展，促进资源教室功能发挥，最终满足每个特殊教育需要学生的需求，使其享受到适合的教育与服务。

图书在版编目（CIP）数据

资源教室建设方案与课程指导/王红霞主编.--北京：华夏出版社，2017.7（2024.3重印）

ISBN 978-7-5080-9210-2

Ⅰ.①资… Ⅱ.①王… Ⅲ.①课堂教学－教学研究－中小学 Ⅳ.①G632.421

中国版本图书馆 CIP 数据核字(2017)第117369号

资源教室建设方案与课程指导

主　　编	王红霞
副 主 编	王艳杰
责任编辑	薛永洁　王一博
出版发行	华夏出版社有限公司
经　　销	新华书店
印　　装	三河市少明印务有限公司
版　　次	2017 年 7 月北京第 1 版 2024 年 3 月北京第 5 次印刷
开　　本	710×1000　1/16 开
印　　张	16.5
字　　数	233 千字
定　　价	59.00 元

华夏出版社有限公司　地址：北京市东直门外香河园北里 4 号　邮编：100028
网址：www.hxph.com.cn　电话：（010）64663331（转）
若发现本版图书有印装质量问题，请与我社营销中心联系调换。